獅城舊影

新加坡老街景的文化探尋

王振春 著

從二戰時空襲警報的日常
到一碗蝦麵數十載的滋味，細數新加坡的歷史印記

「老街是歷史，也是情感區，舊店屋被拆，便是把歷史拆掉。
拆後沒有發展，更叫人想不通。」

三水村紅頭巾、「快樂」舞女學校、
玻璃馬打厝、China Town 與牛車水⋯⋯
追憶獅城的消逝歲月，老街區文化尋根。

目　錄

- 007　序
- 011　自序
- 015　China Town 不等於牛車水
- 019　戲院街變美食街
- 027　余東旋街與新橋路
- 033　福建街早期是馬車街
- 037　廣西街在哪裡？
- 043　寶塔街俗稱廣合源街
- 047　廣合源街有人叫洋服店街

目錄

051　畢麒麟街上段昔稱大人街

057　畢麒麟街的玻璃馬打厝

061　四排坡還有人叫

065　她們的名字叫紅頭巾

071　馬真路的戲園子

079　畫家回憶馬真路

083　李德街也叫八角廁所

091　福南街與振南街

099　吉寧街印球衣

103　大坡與小坡

111　大小坡的日本街

- 117 小坡最短的一條街
- 123 啟信街的學生書店
- 129 猛街牛肉粉
- 135 三馬路，當年的「小延安」
- 139 三馬路，四馬路……多好叫！
- 143 明古連街，萊佛士也有份
- 149 密駝路有 8 條馬路？
- 153 勿拉士峇沙路的俗名最多
- 161 曾經風光過的亞美尼亞街
- 169 桂蘭街一邊空了
- 175 喜見連城街還有中文路牌

目錄

- 179 連城街的球友
- 183 何羅衛巷不該叫巷
- 187 海南一街,怎麼啦?
- 193 海南人的匯兌街
- 199 海南三街的「渴就來」
- 205 回憶海口街
- 209 亞峇街的變化最大
- 213 家在史德林路
- 217 羅敏申路是報館街
- 221 芽籠14巷的讀書聲
- 227 荷蘭村地鐵通車了

序

序

走過一街一景，回首一點一滴

成漢通

本書把我們帶回到幾十年前的新加坡。

振春喚起了許多人的共同回憶。你可以一口氣把書讀完，你彷彿是從大坡走到小坡，從童年走到老年，從落後走到繁榮。

突然回首，我們確實有點失落感。我們失去了許多熟悉的街道，我們找不回許多往日的鄰居，雖然新加坡很小。

猛然抬頭，我們的確有點成就感。我們築起了許多高聳的樓房，我們迎來了成千上萬的遊客，雖然新加坡很小。

當新加坡人到臨近的國家旅遊時，當他們看到那裡的古老樓房和店鋪時，許多人會不約而同地提到幾十年前的新加坡，也是這樣的。

當我們在相提並論時，我們是肯定還是惋惜獅城的破舊立新？

本書裡收集的珍貴照片，配合振春的細膩描述，尤其是那時的一事一物，讓我們聯想到我們曾經一起度過的年代，一起走過的人生路。

在我們的童年時代，父母親曾帶我們到余東旋街走夜市，買校服。

在我們的學生時代，我們和同學一起到啟信街買雜誌，在店外頭吃豆爽。

在我們的打拚時代，我們和同事約好到福建街吃蝦麵，寵寵自己。

本書似乎也在提醒我們，老街一去不回頭，但我們可以放慢腳步，到保留下來的許多樓房老街去。它們在全球化的都市裡，為到訪的遊客帶來歡樂，也為國人喚回點點滴滴的美好回憶。

至於無法看到的老街和舊樓，以及那個時代的形形色色，不就都在本書裡。

序

自序

自序

　　歷史，像匆匆的過客。

　　退休多年，筆耕不輟，有個心願，要在退休的晚年，把歷史留下，讓年輕一代，了解前人走過的路，知道自己的根。

　　建國之初，百業待興，政府全力放在穩定政局與建設經濟，在文化的發展方面無暇兼顧。結果政局穩定了，經濟起飛了，人民的住屋問題解決了，但新加坡不少出名的地標、古蹟與鄉村，也一個個消失了。我住了30多年的海南一街（Middle Road），是戰前的老店屋，這條街走過歲月，飽經滄桑，它可以告訴你，當年海南人南來的歷史。但，1970年代，街的一邊店屋被拆了，一個個街坊含著眼淚搬遷，店屋拆後又沒有發展，到今天還是光禿禿一片。

　　和海南一街隔著連城街（Liang Seah Street）的桂蘭街（Tan Quee Lan Street），一邊的店屋也拆了許久，到今天也沒有發展。桂蘭街是紀念早期福建籍富商的一條老街，也是我們珍貴的文化遺產之一，把它拆掉又沒有重建，叫人百思不解。

　　一條老街走進歷史，多少人依依不捨，多少人憂心如焚。老街丟了，街坊散了，大家徒呼奈何，只能說一聲：看人間變化，嘆世事滄桑。

　　拆掉一條老街多容易，推土機一開，一夜之間，就可以使它片瓦不存。但拆了之後，重建的摩天大樓，雖然金碧輝

煌，已失去了歷史與文化遺產的價值。海南大學教授王春煜為《根的系列》第 7 集寫序時說，新加坡是個多元種族與多元文化的國家，每個種族都以自己的歷史文化傳統自豪。過去的一切，包括歷史建築物，是文化發展的總成果，具有種種不可替代的價值。

1989 年，小坡最出名的地標建築物：德國神農藥房（Singapore Medical Office/Shen Nong Medicinal Hall）拆了。這座建在勿拉士峇沙路（Bras Basah Road）和橋北路（North Bridge Road）交接處的藥房，氣勢宏偉，古樸典雅，建於清朝同治五年，也就是西元 1866 年，有一百多年的歷史，為了讓位給萊佛士酒店（Raffles Hotel），只好將它化為烏有，於是，小坡最出名的一個地標，從此走入歷史了。

為什麼把德國神農藥房拆掉？這裡有太多新加坡人共同的回憶，拆掉德國神農，就是淹沒了歷史，你自己的歷史都不要，還能怪誰？

一個國家，有歷史才有凝聚力，有認同感。新加坡還有很多有百年歷史的地標建築，不能讓它們再消失了。

1994 年，中國名畫家馮驥才來新加坡開個展，和他談起老屋翻新的問題，他笑著說：「老屋翻新，就好像一個老太太沒了，找來電影明星鞏俐扮演老太太，漂亮是漂亮了，可不是你的奶奶了。」

自序

　　這樣的例子還有很多,有些百年老街連根拔起,痕跡都找不到,如牛車水(Chinatown)的珍珠街(Chin Chew Street)、南京街(Nankin Street)、福建街(Hokien Street)與紅頭巾聚集的豆腐街等,年輕一代,有幾個知道我們有過這些街道?

　　這些,都是新加坡的歷史,歷史被淹沒,不能不算是我們文化遺產的重大損失。

　　有代表性的古老建築物,是我們的傳家寶,很多外國旅客,高樓大廈不能吸引他們,人家要看的,便是有老街魅力的傳家寶這樣的東西。

　　歷史,像是匆匆的過客,誰都沒有辦法將它挽留,只有透過筆耕,才能盡力把它留住,哪怕是一鱗半爪,也不能放棄。

　　本書出版了,配上相關的歷史照片,做到圖文並茂,以加強讀者對老街的回憶與印象。在傳承歷史方面,希望能事半功倍。

China Town 不等於牛車水

　　最近讀許永順幾篇有關牛車水的文章，我完全同意他的看法：China Town 不等於牛車水。

　　永順兄尋找牛車水史料多年，大有收穫，是這方面的專家。他說得對，牛車水的路牌只有馬來名，沒有英文名，馬來名的牛車水是 Kreta Ayer，你說 China Town，那就不對了。

　　China Town 是中國城，範圍很廣，舉凡大坡地區，如直落亞逸街（Telok Ayer）、文達街（Boon Tat Street）、廈門街（Amoy Street）、中國街、香港街、柴船頭等，都算是 China Town，當然，牛車水也算在內。

　　China Town 是一個大家庭，牛車水是大家庭裡的一個成員。

　　幾十年前我常到客納街（Club Street）的公館訪友，每次經過麥士威路（Maxwell Road）附近的牛車水警察局，警察局門口掛著的英文名招牌是 Kreta Ayer Police Station，這個招牌是官方命名的，告訴你牛車水就是 Kreta Ayer。也許為了吸

China Town 不等於牛車水

引旅客,把牛車水變成了 China Town,旅客來到新加坡,只知道新加坡像美國、英國一樣,也有一個 China Town,但牛車水就是牛車水,它只是 China Town 的一部分。

牛車水的範圍有多大?史學家許雲樵在他寫的《牛車水談往》裡說:「大坡大馬路和二馬路之間,北自海山街,南至水車街(Kreta Ayer Road)的一方塊地區」。許雲樵所指的這一方塊地區,包括摩士街(Mosque Street)、寶塔街(Pagoda Street)、鄧婆街(Temple Street)、史密斯街(Smith Street)等。當然,熱鬧的珠光大廈、珍珠坊、珍珠大廈也屬牛車水。

現在的 Kreta Ayer

為什麼叫牛車水呢？原來，一百多年前，沒有自來水，這裡的居民，每天喝的用的，是牛車載來的井水，因而得名。有些書說，那口井在金華戲院（現在改為教堂）附近，也有人說，大門樓也有一口井。可以肯定的是，「牛車水」三個字的來由，與牛車和井水有關。馬來話的 Kreta Ayer，是「水車」的意思，那年頭，馬路上只有牛車，載水車的自然是牛了。

新加坡 1957 年的市議會選舉，59 年的立法議會，63 年的國會大選等，牛車水都是一個選區，如果 China Town 等於牛車水，牛車水選區豈不變成了 China Town 選區？歷屆的大選，China Town 都不是選區，如果 China Town 是選區，直落亞逸街、文達街、廈門街等，都在這個選區裡了。

永順兄用心良苦，找出許多 China Town 等於牛車水的例子，比如他收集幾年來的牛車水風景明信片，總共 14 種，其中 13 種把牛車水寫為 China Town，另外那張沒有寫的，沒有提到 China Town 或 Kreta Ayer。他也收集本地 7 位畫家，以牛車水為題材作畫的明信片和賀年卡，大家都把牛車水寫為 China Town。

China Town 不等於牛車水

著名的養正學校，當年便在牛車水，中間為本書作者

永順說，國家檔案和口述歷史館，1983 年主辦《牛車水今昔，歷史圖片展覽》，名稱明明是講「牛車水」，但英文還是用 China Town。

那天到牛車水聯繫所一帶跑一趟，發現官方或半官方的牛車水組織，都用 Kreta Ayer 或牛車水的名稱，如牛車水人民劇場、牛車水郵政局、牛車水區公民諮詢委員會等，英文一概用 Kreta Ayer，完全沒有用上 China Town。

China Town 不等於牛車水，不能讓它再錯下去。

戲院街變美食街

　　戲院街早已沒有戲院，最近牛車水的父老，天天動腦筋，要把它打造成遠近馳名的美食街。

　　戲院街當年曾轟動過，香港最紅的名伶，都曾在戲院街做過戲。1908 年 11 月，香港的振天聲社，來新加坡宣揚反清革命思想，便在戲院街的梨春園演出粵劇《荊軻》，辛亥革命的幾個大將黃興、胡漢民等，還在臺上演講。

　　現在，時過境遷，美食街取代戲院街，牛車水的父老，全力以赴，到處尋訪名家，徵求打造美食街的良方，希望能把美食街建造得像臺灣那樣，以美食聞名世界。戲院街的時代已成過去，戲院街的風光早已成為歷史，現在是美食街的年代，牛車水，等著美食街的光芒照耀。

　　戲院街也就是現在的史密斯街（Smith Street）。1887 年，這條街上有一家劇院叫梨春園，成為當時人們看戲消心的好去處，「戲院街」的俗名也因此產生。

　　1918 年，梨春園經過重新裝修後，設備比以前改進很

戲院街變美食街

多,位子也增加到八百多個,每天都有兩場廣東大戲演出。

這時候,邵氏兄弟到新加坡來大展拳腳,看中梨春園的地方,便把這家劇院租下,改名新聲戲院,除了放映電影之外,也租給從中國來的歌舞團演出。

所以,新聲戲院也可說是新加坡最早的電影院之一,上映的片子,很多還是默片。

早期的史密斯街,也是著名的「紅燈區」,街上有20多家秦樓楚館,街頭巷尾,都有女人在倚門賣笑。

一直到1930年,在殖民地政府的大力取締下,戲院街的青樓才一間間搬遷,從此擺脫了紅燈區的汙名。

1960年代的史密斯街當時譯為士敏街

戲院街也有一段滄桑歲月,在這段歲月裡,最叫人永遠難忘的,便是街上的那間戲院,曾被日軍投中兩粒炸彈,「**轟轟**」的兩聲巨響,把新聲戲院炸得梁斷牆傾,塵土飛揚,幸虧那天沒有演出,否則不知會有多少人葬身在戲院裡,使新加坡又多增加一筆血債。

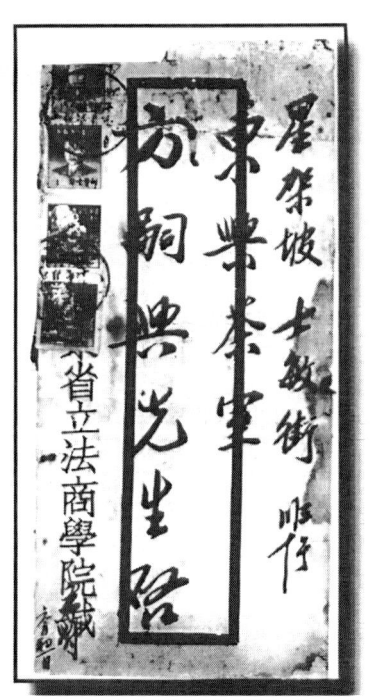

當年從中國寄來的信,寄士敏街也可收到。(許永順珍藏)

還有一位早期在娛樂圈相當活躍的漫畫家馬駿(1986年病故),那時也是熱心且主動參與歌舞團的人,所有演出的宣

傳海報與文字,都出自他的手筆。

根據馬駿的回憶,星洲職業歌舞團的團長是楊泮,劇務是臧春風,總務為後來與莊雪芳搭配演出的路丁,團員包括白言、侯玉、大鳳、黃宛喬、趙文俊與馮濤等。馬駿能寫能畫,當時是歌舞團的宣傳及舞臺布置。

他說,那時候,太平洋戰爭爆發,日軍開始進攻新加坡,很多從中國來的歌舞團員,都因戰爭而流落在這裡,每天無所事事,過著坐吃山空的日子,又擔心日軍打進來,那種滋味真不好受。

當時的歌舞團員,都有一顆支持抗戰的愛國心,演出的內容,都在鼓吹愛國思想與帶動抗戰怒潮,所以「星洲職業歌舞團」在新聲戲院演出時,門口的海報上寫著「抗戰戲劇」幾個大字,很多觀眾便是為了要看「抗戰戲劇」而買票入場。

馬駿說:「我們那時演出的舞臺劇,都是一些振奮人心的愛國劇本,如《放下你的鞭子》、《國魂》、《最後一計》等。」

看演出的觀眾,除了住在戲院街附近的居民之外,還有很多是江蘇和浙江二省的船員。

Smith St 也有中文路牌

　　這些船員，擔心船隻被炸，不敢在海上過夜，便到牛車水一帶找地方住，晚上沒事做，就看戲散心。

　　當時的船員很多，整個戲院裡，大部分是這些海員觀眾。當演到激動的場面時，他們也跟著激動起來，有些甚至還高喊「抗戰必勝」的口號。

　　馬駿清清楚楚地記得，出事的那天，從早上八點到晚上九點，響了九次緊急警報，本來已經是人心惶惶的新加坡，這時大家更像驚弓之鳥，不敢出門。

　　馬駿等人看到馬路上行人稀稀落落，又聽到一陣陣刺耳的警報聲，大家都在猶豫不決，不知道今晚要不要照樣開戲？開戲的話，又怕日機轟炸，更擔心票房不好。不開戲團

戲院街變美食街

員明天的生活費又怎麼辦？

大家想來想去，找不到答案，只好去問睡在防空壕中的團長楊泮。楊泮的答案是 ──── 今晚就休息吧！

「明晚呢？」有人問。

「明晚？」楊泮說：「明晚的情形誰知道，如果還是這樣緊張，誰有心情來看戲？」

那時候的藝人，在戰雲密布的環境下，就是這樣地過日子，演完今天的戲，不知道明天還能不能演下去？明天演完，後天呢？無情的炮火，殘酷的敵機，隨時會丟下炸彈，誰都不知道明天會是怎樣的日子。

楊泮一聲令下「今晚休息」之後，馬駿便趕到新聲戲院，在門口貼上了「今晚休息」的通告。

當晚八點多鐘，戲院街行人稀少，昏暗的燈光射在馬路上，有一種淒涼的感覺。

忽然，警報聲又「嗚嗚嗚」地響起來了，這是今天第九次的警報，隨著警報聲四起，英軍的高射炮也「嗒嗒嗒」響了起來。

沒多久，高射炮聲停了下來，一排機身畫著大紅圈的日軍飛機出現在高空上，朝著戲院街投下兩顆炸彈。第一顆炸彈炸中新聲戲院舞臺正中的屋頂，第二顆緊接投下，炸中觀

眾席的方向,這時的新聲戲院只見彈片橫飛,雲霧滾滾,整座好好的新聲戲院,一下子便被炸得梁斷牆倒,片瓦不存。

馬駿說:「戲院被炸的時間大約是晚上九點左右,平時這時候戲院裡都有四、五百人在看戲,如果那晚不是楊泮一句話『今晚休息』,相信起碼會有四、五百人碰上這場浩劫。」

酒店的前身便是梨春園

所以,老一輩的新加坡人回憶當年戲院街的這件往事,都同聲地說:「楊泮一句話,救了五百條人命!」

今天,戲院街經過幾次塌樓事件之後,以新的面貌出現了,新聲戲院也早已走入歷史,戲院街從此變成美食街。

戲院街變美食街

戲院街現在到了晚上就變成熱鬧的美食街

余東旋街與新橋路

新加坡有幾條馬路,同一條路上,左右邊有 2 個不同的路名,如大坡的余東旋街與新橋路,便是一個例子,常常有人搞錯。

余東旋街(Eu Tong Sen Street)與新橋路(New Bridge Road),是從醫院通道(Hospital Drive)出來,穿過歐南路(Outram Rd)直走,到里峇峇利路(River Valley Road),再往前走是禧街(Hill Street)。

有一次我在新橋路等朋友,一位問路的中國旅客問我,余東旋街在哪裡?她找來找去,只看到新橋路的路牌,想都沒想到,過了馬路就是余東旋街。

余東旋是二、三〇年代新加坡的大名人,但幾十年前,余東旋街在哪裡?有一些人還弄不清楚,或很少提到。我童年時候,到大華戲院看戲,常常把這裡叫做大坡二馬路,維多利亞街叫小坡二馬路。很少人會說什麼余東旋街或維多利亞街。

余東旋街與新橋路

現在的年輕一代,剛好相反,很多都不知小坡二馬路和大坡二馬路在哪裡了,他們只知道這裡是余東旋街,那裡是維多利亞街。你如果和他們約好在大馬路、二馬路或三馬路見面,他們準會暈頭轉向,被你搞糊塗,而找不到地方。

1950 年代的余東旋街

余東旋街是怎麼來的呢?

原來,在還沒有余東旋街的年代,這裡有兩間戲院,一間叫慶昇平,一間叫慶維新,這兩間戲院專供來自中國的粵劇團演出。

原籍廣東南海的余東旋,那時已經是腰纏萬貫的大富豪,他在馬來亞有很多土地,又是錫礦鉅子。他從出生地檳城來到新加坡後,馬上便成為新加坡大僑領。

余東旋

這位大僑領，有個喜歡看廣東大戲的姨太太，常常到慶昇平和慶維新來看戲。有一天，姨太太去慶維新（現在珍珠大廈這個地方）看戲，當時演出的戲班是「普長春」，班主是梅志錦。這位梅班主，不知怎麼回事，得罪了余東旋的姨太太。她一怒之下，回家向老公告狀，余東旋平時最疼這個姨太太，聽了她的投訴後，為了替她出一口氣，便把慶昇平和慶維新兩間戲院買下，並把戲院前面的一大段空地，闢為余東旋街。

1927年，余東旋將慶昇平和慶維新兩間戲院拆掉，慶昇平改建成天演舞臺，繼續提供場地給中國的粵劇團演出。1938年，邵氏公司租下天演舞臺，易名為皇后戲院。1942年的昭南島時期，皇后戲院改名為大和劇場。這間三度易名的劇場，便是後來的大華戲院。

五、六〇年代，我常常到余東旋街去找舊書。因為當時的余東旋街，也就是現在的珍珠大廈對面，有很多攤販在那裡擺賣，地攤的後面，便是一個大水溝。每個晚上，這裡熱鬧極了，也有一些江湖藝人在這裡賣藝、講古，有幾個舊書攤，吸引了不少愛買舊書的朋友，我便是其中的一位。

余東旋街與新橋路

余東旋街靠近大華戲院的那段

這排店屋拆了之後，變成了現在的珍珠大廈（People's Park Centre）

當時，余東旋街是比同在一條馬路上的新橋路熱鬧得多。

　　余東旋街還有一個珍珠巴剎（菜市場），最出名的是各種煮炒的大排檔（攤販），還有貌美如花的咖啡攤女招待，忙著和顧客嗑瓜子，吃花生，打情罵俏。每個晚上，不知吸引了多少知音人來捧場。

　　巴剎外面一到傍晚，更是熱鬧。一排排的攤位散發出耀眼的燈光，摩肩擦踵的人潮，有些忙著購物，有些在食攤旁大飽口福，有些則在人群中湊熱鬧。

　　余東旋街現在的珍珠大廈，從前是整排三層樓的舊店屋，中間有一個突出的樓閣，整個外觀，氣勢不凡，給人留下深刻的印象。這裡的文具店很多，記憶裡有廖振彬書籍文具店、三益文具店、新明文具店、潮汕文具店、還有不少的五金店。

　　當時的余東旋街很出名，街上的幾個建築物如南天酒樓、大華戲院也老幼皆知，到大坡去，誰都會逛逛余東旋街。

　　現在，大華戲院和南天酒樓，都走進歷史了。牛車水的天下，換了新的主人。

余東旋街與新橋路

現在的珍珠大廈與唐城坊對街而立

大華戲院的建築猶在，但已成了購物商場

福建街早期是馬車街

　　那天，到芳林小販中心吃飯，順便從長泰街經過。長泰街也就是福建街上段。隔著馬路的福建街（Hokien Street）消失了，長泰街還在，但已面目全非，那座一度香火鼎盛的長泰廟，也早走進了歷史。

　　對福建街不陌生。跑新聞時，聽這裡的老人，講過一些福建街的滄桑歲月，知道福建街從前停放很多馬車，所以也叫福建馬車街。老人還說，那時候安祥山（Ann Siang Hill）一帶也有一條馬車街，那是廣府人的馬車街；潮州人的馬車街在沙球勞路（Circular Road）上段。

福建街早期是馬車街

福建街的店屋已人去樓空，給人滿目瘡痍的感覺

金門人早期很多住在福建街，所以他們的古寧同鄉會也設在這裡

安溪會館早年的會所便在福建街，會館的特刊有一篇這樣寫：「本會館原址福建馬車街 30 號」，可見，福建街當年的全名是福建馬車街，後來馬車被淘汰了，去掉馬車兩個字，才有了福建街。

　　印象最深的是，漫畫家馬駿在世時，講過一個胡文虎的故事。胡文虎是那個年代的萬金油大王，也是《星洲日報》的老闆。1938 年，上海銀月歌舞團在新世界表演，馬駿也是團員之一，那時福建街的蝦麵非常出名，有一晚胡文虎請他們到福建街吃蝦麵，馬駿是回教徒，不吃蝦麵，只喝了一杯咖啡。

　　胡文虎見狀，付帳時便把四毛錢塞在馬駿手上，對他說：「你不吃蝦麵，這四毛錢是蝦麵的錢，你一定要收下。」

　　胡文虎是本地大富豪，請客請到福建街，吃的是蝦麵，可見福建街的蝦麵，在戰前便已經風光。

　　戰後，福建街的蝦麵，還是一樣遠近馳名。

　　1960 年代，我常到福建街吃蝦麵。別的地方一碗麵，三幾毛錢便可吃到，福建街要一兩塊錢才賣。一分錢一分貨，福建街的蝦麵賣那麼貴，還是很多人排隊來吃。

　　那年頭，福建街除了蝦麵出名之外，茶莊也特別多，有些茶莊，還兼營匯兌業。

福建街早期是馬車街

雖然福建街消失了，一排的店屋還是保留著，也換了新裝

　　福建街為什麼多茶莊呢？原來，當年很多安溪人住在福建街，安溪有個叫西坪的地方，山巒重疊，雲霧繚繞，山泉長鳴，種茶已有千年以上的歷史，鐵觀音和黃金桂最出名。安溪的茶那麼出名，住在福建街的安溪人，自然在這裡開了一間又一間的茶莊，同行集中在一起，更容易招徠生意。於是，喜歡喝鐵觀音和黃金桂的人，都常到福建街來。

　　福建街的茶莊，生意最好的是林和泰與林隆泰，這兩間茶莊是三層樓的店屋，外觀古色古香，行人路過，常會停下腳步看幾眼。

　　時過境遷，後期的福建街，客家人在這裡開店的越來越多，開的是出入口公司，大埔客是做大馬的生意，梅縣客的合作對象多是印尼商人。

廣西街在哪裡？

民國時期中國廣西省出了很多名人，如中華民國首任副總統李宗仁、前國防部長白崇禧、1950年代的亞洲影后林黛、著名作家白先勇等，都是廣西人。

新加坡的廣西人也不少，廣西會館的會所，在沈氏大道一棟三層樓的建築，1983年及1993年，還主辦世界廣西同鄉聯誼大會，廣西人在新加坡，非常活躍與團結。那麼，新加坡的廣西街在哪裡呢？

記得有一年，廣西畫家龍山農來中國觀光，問我這裡的廣西街在哪裡？我想了老半天，無法告訴他答案。後來我們問一個計程車司機，他想了又想，才說：「新加坡有福建街、潮洲街、廣東街、海南街，甚至連南京街、北京街、吉寧街都有，相信也一定有廣西街。」

但，他也想不出廣西街在哪裡。幾天後，與三和會館元老成立超先生聊天，成先生是廣西人，問他這裡有沒有廣西街？他馬上回答說：「有，廣西街就是廣東民路後面的那條

廣西街在哪裡？

街,著名的怡和軒俱樂部和晉江會館都在那裡。」

「廣西街是不是因為住很多廣西人而得名?」我問。

「不,廣西街只是俗名,真正的路名叫武吉巴梳路(Bukit Pasoh Road),因為它在廣東民路後面,為了稱呼上的方便,便把這條街叫廣西街。」

廣西街最出名的,是晉江會館和怡和軒俱樂部。

晉江會館戰後創辦學校,朗朗的讀書聲,在廣西街飄蕩,我有幾個朋友,住在牛車水一帶,小學便在晉江學校讀書。當時的校長是廈門大學畢業的顏根山,那時的小學,校長是大學畢業的恐怕只有「晉江」一間,所以那時「晉江」的學生特別多。可惜好景不常,1970年代,政府在郊區大建組屋,市區的人口銳減,晉江學校的學生也越來越少,到1975年只好停辦。

因為附近有條廣東民路,武吉巴梳路因此俗稱「廣西街」

廣西街當年是華族僑領最常進出的一條老街

晉江學校當時的學生，有八成不是晉江同鄉的子女，不管是什麼籍貫的孩子，都可到晉江學校來讀書。可見晉江會館的先輩，在辦教育方面，早已沒有幫派的觀念。晉江人後來提起這件事，都覺得自豪。

晉江會館的隔壁，是怡和軒俱樂部。

1937年與1939年，為了支援中國抗戰，怡和軒俱樂部在陳嘉庚先生的領導下，成立星華籌賑會與南僑總會，1941年又在毗鄰的晉江會館成立星華抗敵動員委員會，許多當年的僑領如李光前、李振殿、侯西反、胡愈之與張楚琨等，每天都集中在這兩個地方，出錢出力，為支援抗戰做了很多事。

廣西街在哪裡？

可見當年的廣西街，每天有多少名流僑領、愛國青年，在這條街上進進出出。廣西街，可說是一條愛國街。

難怪，日本人占領新加坡後，第一個被列入黑名單的，便是廣西街。第一個要「開刀」的是怡和軒俱樂部。

1942年2月18日，新加坡變成昭南島了。怡和軒俱樂部被日軍看上，用來作為軍官俱樂部，許多慰安婦，被逼在這裡伺候殺人如麻的日本軍官。

已故的書法家黃國良，當時在怡和軒俱樂部做工。

現在的武吉巴梳路令人耳目一新

他說：「俱樂部的門口，掛著一個招牌，叫曉部隊俱樂部，我在樓下負責抄寫選單，樓上是日本軍官吃喝玩樂的地

方,除了這些日本軍官,外人不准進去。」

黃先生說:「有一次,我因為有事跑進廚房,看到一個臺灣籍的廚師在灶前燒一幅畫來生火,那幅畫我看得清清楚楚,是鄭板橋的畫竹圖,我當時被嚇壞了,因為鄭板橋的畫是無價之寶,怎麼可以拿來當柴生火?」

怡和軒也披上新裝

黃先生告訴那廚師,他燒的是鄭板橋的畫,價值連城,被日軍知道,是要殺頭的。誰料廚師對他說,這樣的畫,已經燒了好幾張。

一條廣西街,想不到有這麼多的歷史故事。

廣西街在哪裡？

寶塔街俗稱廣合源街

　　和牛車水的朋友聊天，你講寶塔街他們也許聽不習慣，如果說廣合源街，大家便馬上知道了。

　　寶塔街 (Pagoda Street) 在大坡大馬路這端的街口，有個像寶塔一樣的印度廟而得名，但華人尤其是年長者，還是喜歡叫「廣合源街」。

　　幾十年前，很多從中國寄來的信，都是寫廣合源街，郵差便會把信送上門。

　　寶塔街所以叫廣合源街，因為 1870、1880 年代，英國人取得馬來半島的控制權，需要大量勞工南來開荒，做牛做馬，於是中國的流氓、騙子，為了要賺取仲介費，利用種種手段，拐騙當地的勞工南來，這些勞工其實是奴工，也叫豬仔，他們一登上豬仔船，便是走進了浮動地獄，在船上先吃盡苦頭。

　　這些「豬仔」到了新加坡，有些被轉賣到馬來半島，留在新加坡的，大都被關在寶塔街，其中有間關「豬仔」的屋

寶塔街俗稱廣合源街

子,招牌叫廣合源,一進廣合源,就像走入監牢一樣,插翅難飛。廣合源當時非常出名,因此幾十年來,寶塔街少有人叫,大家都叫廣合源街。

印度廟左邊的老街就是寶塔街

後來殖民地政府成立了華民護衛署,第一位華民護衛司是畢麒麟,專門負責華人事務,畢麒麟上任,第一件要解決的事情,便是不能讓豬仔被拐賣的事情發生下去,於是「豬仔」的問題慢慢解決了,那些豬仔館搖身一變,變成了估俚間(又稱苦力間,有點像大通舖,讓勞工睡覺休息的住所)或大煙館。

20多年前,廣合源街還有最後的一間豬仔館,那時我在報館跑新聞,曾到這間豬仔館訪問過幾個老人。他們不是第

一代「豬仔」，但曾與第一代「豬仔」相處過，知道上一代「豬仔」的一些故事。

他們說，「豬仔」被關在豬仔館裡，有時還是有逃跑的事情發生，但一被抓到，肯定有一頓毒打，有些還被綁在樹上打死，挖個坑埋了。有些逃到新加坡河求救，遇到好的船主，會讓他上船，到另一個地方謀生。

「廣合源」在幾號門牌？據研究牛車水歷史多年的許永順說，根據1898年華民衛護署的常年報告，廣合源號在寶塔街38號和39號，當年門牌排列和今天不同，用今天的排法，應該是61號和63號。不過，原屋已經拆了，現在所見的店屋，是1930年代建的。

現在的寶塔街周圍已多了幾座政府組屋

寶塔街俗稱廣合源街

十多年前,廣合源街到了黃昏,靠近印度廟這邊,是一個舊貨市場,人來人往,熱鬧得很。後來搬去了大門內(Club Street)的一條小巷。那時我還在報館工作,迷上了逛舊貨市場,每天下班,一定要來這裡看看,擺地攤的幾個小販,見多了和我都很熟。一天如果不來,心裡便不好受。

今天的廣合源街,已經脫胎換骨,全新打扮,入夜時燈火輝煌,旅客川流不息,誰會想到,這裡百年前是關「豬仔」最多的一條街呢?

廣合源街有人叫洋服店街

　　大坡的寶塔街（Pagoda Street），因街口有印度興都教堂而得名。但幾十年來，叫寶塔街的人似乎不多，廣合源街卻人人都懂，也有人叫洋服店街。

　　寶塔街有人叫洋服店街，顧名思義，那是因為這條街曾有23間洋服店，跑遍新加坡，只有寶塔街，有那麼多的洋服店。

　　據長久研究牛車水歷史的許永順說，戰前的廣合源街便有很多洋服店，但它的黃金時代是1950年代到1970年代。

　　許永順說，廣合源街的洋服店，最輝煌的紀錄是一條街59間店屋，洋服店便占了23間，間間生意興隆。其中一個叫陳伯雄的洋服店老闆，一個人便開了5間，也許陳老闆對「昌」字特別喜愛，每間店的招牌，後面一個字都是「昌」，第一間是1915年成立的成昌，接下來是1953年註冊的德昌，1961年的安昌，1963年同年出現的和昌與順昌。「昌」是興旺的意思，取招牌取了個好兆頭，有人說，難怪陳伯雄的洋服店，當時做得那麼風生水起。

廣合源街有人叫洋服店街

早期的寶塔街，整排店屋都是洋服店。

現在的寶塔街街口是牛車水地鐵站

廣合源街街口的路牌：寶塔街

　　到了 1980 年代中期，時過境遷，洋服店的生意開始走下坡。1989 年，只剩下 15 間慘淡經營。1990 年之後，生意更糟，大家都買現成的衣服和褲子，來做洋服的人更少了，於是一間間結束業務，有過輝煌歷史的廣合源街洋服店，油盡燈枯，從此走進歷史。

　　現在的牛車水原貌館，門牌 46、48 和 50 一連 3 間，便是以前的順昌、德昌和大成洋服店。

廣合源街有人叫洋服店街

　　許永順說,他從 1949 年的新加坡年鑑上看到,廣合源街最早的洋服店,是 1918 年註冊的成昌洋服店,註冊人是陳伯雄。接著是 1919 年的興昌,1930 年的廣興祥,1931 年的公安,1938 年的榮興,這些都是戰前在廣合源街便有的洋服店。

畢麒麟街上段昔稱大人街

新加坡從前有兩條大人街，一條是晚晴園的所在地：Tai Gin Road，也有人叫烏橋。另一條為畢麒麟街上段，但畢麒麟街上段（Upper Pickering Street），時過境遷，已經沒有人叫大人路。晚晴園旁的大人路，到今天還在。

畢麒麟街上段為什麼叫大人路？因為 1880 年代，大人衙便在這條街上。後來大人衙走入歷史，一度變成移民廳，接著又成了勞工部。殖民地時代，附近一些無家可歸的勞工，晚上就在這裡打地鋪睡覺，有些勞工開玩笑說：「我們睡在大人衙。」

大人衙指的是 1877 年成立的華民護衛司署（Chinese Protectorate），這個司署到 1934 年易名為華民政務司署（Chinese Secretariat）。1881 年，華民護衛司署從當時的干拿路（Canel Road）搬到隔鄰的畢麒麟街上段，為了稱呼上的方便，有些人便把這條街叫做「大人街」了。

不過，畢麒麟街上段成為「大人街」的時間很短，因為華民護衛司署設在這裡只有五年，然後便搬到柴船頭一帶去。

畢麒麟街上段昔稱大人街

1886年該署又再搬家,這次是搬到合洛路(Havelock Road)。

其實,畢麒麟街上段原本的路名是馬交街上段(Upper Macao Street)。老一輩的新加坡華人,對馬交街都不會陌生,也有人喜歡把這條路叫澳門街,但從1922年起,馬交街消失了,變成了畢麒麟街上段。

當然,從馬交街變成畢麒麟街上段,是為了紀念新加坡第一位華民護衛司 ——— 畢麒麟先生。

老一輩的華人,很多人叫不慣「畢麒麟街上段」,大家口裡常常講的單邊街,便是這個地方。

從畢麒麟街上段走下去,過了橋南路(South Bridge Road)的馬路,便是畢麒麟街。

講起畢麒麟,上一代的華人,對他都耳熟能詳。

畢麒麟是個華人通,能講福建話、廣府話、客家話與潮州話,又對華人的風俗習慣相當熟悉,因此華民護衛司署成立,由他擔任首任華民護衛司,是再恰當不過的。

華民護衛司署是專門處理華人社會事務的一個官方機構,這些事務,包括華人移民、勞工、婦孺以及本地華人社團、私會黨等問題。

此外,碰到華人社會發生糾紛,雙方人馬僵持不下,華民衛護司署便要介入調解,使糾紛大事化小,小事化無。

原來19世紀的殖民地時代有個華民護衛司署,擔任首任華民護衛司的人是畢麒麟。為了紀念本地首位華民護衛司畢麒麟,才有了畢麒麟街。

那位負責做調解的人,為大家打圓場,化干戈為玉帛的,便是這位會講幾種華族方言的「華人通」畢麒麟。

身為華民護衛司,在處理華族社會的械鬥事件時,畢麒麟有權力動用武力,把事件鎮壓下去。但他從來不願意這樣做。他處理械鬥風波的方法是,把雙方的老大請到他的辦事處,然後他以調解人身分,為大家息爭。

在做魯仲連時,是他表現華人方言才華的時候,碰到鬧爭執的是潮州人,他便講潮州話;如果是福建人或客家人,他講的便是福建話或客家話。在當時的新加坡英國官員,只

畢麒麟街上段昔稱大人街

有畢麒麟能夠如此滔滔不絕地講幾種華人方言。

所以,華人社會對他十分欽佩。

由他出面調解的風波,最後大都和氣收場。

1997年的畢麒麟街

畢麒麟做調解人有個原則,那是理虧的一方,事後須送一對紅燭與一塊紅布給對方,並向對方當面道歉。

經過這樣的一種程序之後,爭執雙方對過去的恩恩怨怨,仇仇恨恨,也就一筆勾銷,不再放在心裡了。

為了表示對畢麒麟的感激,理虧的一方,也會送一對紅燭給這位尊重華族傳統風俗的魯仲連。因此,在畢麒麟的辦事處裡,每天都有一對對的紅燭,紅燭越多,表示他在處理華族糾紛事件上越忙碌。

除了處理華族幫派的械鬥糾紛之外,碰到夫妻吵架鬧上門來,畢麒麟也要管管這些家務事。

所以，在當時的華人社會裡，畢麒麟的名聲很大。不但僑領認識他，私會黨熟悉他，不出門的女孩與小孩也知道他。人們碰到解決不了的糾紛，只好帶到畢麒麟的辦事處去，請這位洋大人主持公道，然後雨過天晴，問題解決。

那時，華人社會習慣上把華民護衛署叫做「大人衙」，有些不叫「大人衙」的，乾脆就叫「畢麒麟」。

因此，畢麒麟的名字，比華民護衛司署還要響。

1878年，這位華民護衛司署的「包青天」，為了防止一些女性被拐騙賣身，掉落火坑，於是設立了保良局，女性被迫害的事件才日漸減少。

在維持治安方面，當時政府的方法是，利用私會黨的勢力，協助維持治安。

畢麒麟街上段正在大興土木建蓋新酒店

畢麒麟街上段昔稱大人街

畢麒麟對當時的私會黨頭目十分熟悉。這些頭目，從某一個角度來看，也可說是他的「左右手」。

不過，後來華民護衛司署大肆取締私會黨，掃蕩社會上的牛鬼蛇神，這又是另一回事。

1887年，這位善於利用私會黨協助維持社會治安的華民護衛司，卻因取締賭博的關係，有一天被一個姓蔡的私會黨徒，手持斧頭，到華民護衛司署把他劈傷，幸虧他閃避得快，才不致死在斧下。

1901年，畢麒麟病逝，10多年後，殖民地政府為了紀念這位華人通的洋大人，便把當時的馬交街改為畢麒麟街。

畢麒麟所以成為華人通，對華族的風俗習慣那麼熟悉，那是因為他初來新加坡的幾年，曾被任命為高等法庭華籍通譯員，因為天天有機會與華人接觸，對華人的風俗習慣，也就有了更多的了解。

1945年，日本投降，新加坡光復，華民政務司署也宣告解散，而由華僑民政顧問官取而代之。

畢麒麟街的玻璃馬打厝

童年時代,有個親友在畢麒麟街開咖啡店,我常常到那裡找堂兄弟,對畢麒麟街(Pickering Street)到現在還有印象。記憶裡,畢麒麟街有二多,一是裱畫店多,二是棺材店多,親友的咖啡店隔幾間屋子,便是一連幾間棺材店。

畢麒麟的玻璃馬打厝,以前是警察總部

馬真街(Merchant Street)有一位畫家曾經告訴我。1860年代有一次他搭計程車到畢麒麟街,司機好心地對他說:「你

畢麒麟街的玻璃馬打厝

要到的是棺材街,那邊有間棺材店叫『洪振發』,非常出名,以後你只要講『洪振發』或『棺材街』,駕車的人誰都知道。」

可見,畢麒麟街也有人叫「棺材街」。

畢麒麟街左邊的第一間建築物,高大堂皇,古色古香,這是當時的中央警署,很多人叫它「玻璃馬打厝」。

其實,「玻璃馬打厝」是疊床架屋的一種重複叫法。因為「玻璃」是英文「Police」的諧音,意即警察;而「馬打」是馬來話「Mata」,也是警察的意思。所以「玻璃馬打厝」是警察一詞的重疊。但我在童年時代,聽到長輩提起這間警署時,都是用「玻璃馬打厝」。

「玻璃馬打厝」的後面,有條橫街叫喬治街(George Street),俗稱玻璃後。那年頭英文不普及,能叫喬治街的沒幾個,大家只知道「玻璃後」。

「玻璃馬打厝」也有人叫「一號馬打厝」,因為它是中央警署,也即警察總部,在新加坡的所有警署裡,它是老大,老大就是第一,「一號馬打厝」沒有叫錯,比重複叫的「玻璃馬打厝」來得合理。

據當時曾住過畢麒麟街的堂兄回憶說,「一號馬打厝」的一些窗口,對著畢麒麟街的文文棺材店。他當時看到有些被關在「馬打厝」裡的嫌犯,隔著玻璃窗,千求萬求,請文文棺

材店的仵作,幫他們到附近的咖啡店買香菸或代打電話回家請家人保釋他們出去。

堂兄說:「有一次新加坡戒嚴,整條畢麒麟街,只有這間咖啡店在做生意,而且24小時營業,專賣茶水給警署裡的警員和偷偷賣給囚犯。」

1959年3月,我也進過一次「一號馬打厝」。

那年17歲,在亞歷山大路的華義讀書。每天早上,都騎著腳車從「一號馬打厝」經過。

那天早上像往常一樣,經過「一號馬打厝」。幾個穿短褲的警察,在路上攔車,其中一個二話不說,請我進去「一號馬打厝」。忘記那時有多緊張,只記得被請進一個小房間裡,和幾個人坐在並排的椅子上,十多分鐘後,才開啟房間門,讓我們出去。

現在的畢麒麟街和橋南路交叉口

畢麒麟街的玻璃馬打厔

為了趕時間到學校,我一出「一號馬打厔」,騎上腳踏車便走了。

事後問起一些朋友,他們也像我一樣,曾經莫名其妙地被攔路,又無端端被請進「一號馬打厔」,一談之下,才知道那天「一號馬打厔」是找我們「演戲」,和被抓到的嫌犯坐在一起,讓門外的一些受害人,從門縫裡認人。真是越想越不對,萬一那些人老眼昏花,錯把馮京當馬涼,認錯了人,怎麼辦?看來只有殖民地時代,才有這樣的事。

四排坡還有人叫

四排坡在哪裡？

大坡廣東民路、已拆的歐南園組屋和中央醫院一帶，從前都屬四排坡的範圍。

那年頭，誰都知道四排坡，四排坡是個響噹噹的名字。

為什麼叫四排坡？

殖民地時代，英政府僱用印度兵來協助保衛新加坡，這些印度兵，屬於印度的 Sepoy 族，駐紮在廣東民路一帶的兵營裡，Sepoy 唸起來變成了四排坡，四排坡因而得名。

有一年，新加坡發生暴動，看到這些印度大兵，個個留著大鬍子，戴著他們特有的帽子，驅趕馬路上的群眾，那時年紀小，只聽到大人說，這就是印度的 Sepoy 兵。

想不到 Sepoy 兵來到新加坡，除了幫我們保家衛國，還給我們帶來了四排坡的名字。

四排坡當年很出名，1957 年的市議會選舉，59 年的立法議會選舉，63 年和 68 年的國會選舉，它還是一個選區。

四排坡還有人叫

1960 年代以前，關過不少著名政治犯的歐南監獄，也叫四排坡監獄。

那年代的人，到中央醫院看病，很少人說「中央醫院」的，都說到「四排坡」，有些連醫院都沒說出，聽的人都能會意。那年頭，「四排坡」就等於是中央醫院，誰都怕去四排坡。幾十年後的今天，滄海桑田，但老一代的新加坡人，把中央醫院叫著「四排坡」的，還是大有人在。

從前，中央醫院內，有一條小路叫 Sepoy Lane，路名便是取自當年的 Sepoy 兵。

最近在會館認識了新理事馮德勇，交談之下，才知道他的父親是 1957 年，在四排坡選區，代表行動黨參加市議會選舉的馮明貴。

1950 年代的四排坡監獄

在老一輩人眼中，四排坡即等於中央醫院

那場選舉，是新加坡有史以來，第一次市議員全部民選的選舉，共有 32 個選區，行動黨派出 14 個候選人，馮明貴的對手是自由社會黨的一個印度籍候選人，四排坡的印度籍選民不少，結果馮先生以 24 票之差敗下陣來。

那年的市議會選舉，我和幾個街坊，從小坡走到四排坡，為的是看馮先生的群眾大會，聽他的演講。事隔幾十年，最近在多個同鄉會的歡聚場合，見到馮明貴，老人的精神很好，毫無老態，說起當年在四排坡選舉的往事，他說：「時間過得真快啊，那年參加選舉，只有二、三十歲，現在已八十多歲了。」

1959 年的立法議會，1963、1968 年的國會選舉，四排坡選區還在，當選的是曾出任內政及國防部政務部長的黃循文。

四排坡選區，早已走進歷史，但四排坡的名字，到今天還是有很多人叫。

四排坡還有人叫

她們的名字叫紅頭巾

　　孩子開車載我去牛車水，經過芳林苑大廈時，我對他說，這裡以前是豆腐街，1987年被拆，才有了現在的芳林苑大廈。孩子那時還小，也少到牛車水，對豆腐街當然不熟，也沒有感情。

　　我順便告訴他，這條街所以叫豆腐街，有兩種說法，一種是當年這裡有多間豆腐店；另一種說法是，1920、1930年代，這條街有很多酒樓與妓院，王孫公子常來尋歡作樂，講許多討女人便宜的話，這種行徑叫「吃豆腐」。豆腐街便因此得名。

　　豆腐街也就是珍珠街上段（Upper Chin Chew Street），與克羅士街上段（Upper Cross Street）和南京街上段（Upper Nan Kin Street）為鄰，現在只剩下克羅士街上段還在。

　　豆腐街的居民，大多是中國廣東省三水縣的婦女，戰前因家鄉貧窮，為了賺錢養家，只好離鄉背井南來討生活，因為大家都來自三水縣，這條街便叫三水村，又因為紅頭巾當時很多穿的是黑衣，豆腐街也有人叫黑衣街。

她們的名字叫紅頭巾

有一百多年歷史的三水會館,在未搬遷到芽籠 22 巷之前,也是在豆腐街。

住在三水村的婦女,個個勤勞苦幹,大部分是建築業的紅頭巾,肩能挑,手能扛,有些赤著腳,有些腳上穿的,是用壞的車胎作成的膠鞋,在烈日下,頭上戴著一塊用紅布或藍布作成的帽子,在工地打磚頭,挑泥土,做著粗重的工作,為新加坡蓋一座座高樓。新加坡能有今天的繁榮與進步,不能忘記紅頭巾當年流出的血汗。

30 多年前我訪問過當時三水會館的會長陸文領先生,陸先生說,那時在新加坡的三水人,男的不是做建築便是操作機器,女的大部分是紅頭巾女工。

當年豆腐街的紅頭巾

他特別讚揚紅頭巾女工,因為她們有吃苦耐勞的精神,又有照顧家庭的美德。

他說:「紅頭巾女工當時的薪水很低,一大清早便出門,到傍晚才收工,所得的薪資只有二、三元。拿到這筆錢之後,捨不得吃,捨不得用,等到儲蓄夠了一個小數目,便把錢匯回家鄉。

1960年代到過豆腐街的人也許還記得,這些勤勞的紅頭巾女工,白天在工地忙了一天之後,晚上還辛辛苦苦在豆腐街的五腳基(騎樓下的走廊)或馬路旁,擺賣一捆捆的木材。

這些一捆捆的木材,都是她們在工地裡撿回來的,一捆大概只賣二、三毛錢。她們懂得廢物利用,也相當珍惜時間,不怕辛苦地努力賺錢,為的便是希望家鄉的親人,不要像她們那時候一樣,受冷挨餓。

陸先生說:「這些可敬的紅頭巾女工,都是年紀輕輕便跟著水客南來的。到了南洋,水客便把她們帶到豆腐街。其實,她們在家鄉,早已知道豆腐街便是三水村,到了三水村,要討個紅頭巾的工作,應該不會有問題。」

有些沒有水客帶的,自己憑著一張找人的名片,也搭船到新加坡來。她們來到這裡,也是找到豆腐街,最後都加入紅頭巾隊伍,為新加坡的建設做出貢獻。

她們的名字叫紅頭巾

豆腐街的一邊已拆,另一邊不久也不見了

　　紅頭巾女工的晚年,大部分在豆腐街度過的。也可以說她們當年一踏上蕉風椰雨的新加坡,三水村便是她們心裡的家。她們對這裡的一草一木,每一間古老的店鋪,每一張樸實可親的面孔,都很熟悉,而且有了感情。

　　退休報人歐如柏生於松柏街,小時候常常到豆腐街訪友和購物,對豆腐街可說非常熟悉。在她追憶下的豆腐街,各式各樣的傳統行業都有,譬如有個看風水的先生叫量三才,他的老爸量天尺,父子二人,在這方面的名氣都響噹噹。牛車水的居民,要辦喜事看日子,都非找量家父子不可。

　　她說,豆腐街還有兩位靈媒,一個叫鬼婆銀,一個叫鬼婆蓮,專替顧客溝通與陰府先人「通話」,生意好得不得了。

現在的克羅士街上段

　　豆腐街還有一個打銀婆，開了一間只有半個店面的打銀鋪，街上的女孩子，到了七八歲，便在母親或祖母的陪同下來找打銀婆穿耳洞，戴耳環。

　　幾年前新加坡電視臺拍過《豆腐街》的電視劇，反應很好。2012年又拉隊到廣東三水，實地拍幾個紅頭巾的生活狀況。出現在螢幕上的紅頭巾，垂垂老矣。有一位已經年近90，一生沒嫁過人，回家鄉只能獨居，或靠年輕一點的親人照顧。記者訪問時，發現她們從新加坡帶回的木箱裡，藏有幾十年前在工地工作時的衣物。有位紅頭巾女工說：「我們什麼都不珍惜，最珍惜的是箱子裡的東西，每一樣東西都有一個回憶。在新加坡的日子，真叫人懷念。」

她們的名字叫紅頭巾

馬真路的戲園子

馬真路（Merchant Road）兩排舊店屋，十多年前消失了。

十多年前到馬真路拍街口照片，準備在報上寫《根的系列》用，對面破破爛爛的舊屋還在，路旁有個老人擺攤賣報紙。最近再去，破屋已拆得一乾二淨，看到的是舊同濟醫院的一面牆壁。

馬真路還在，路上的車輛還是很多，但當年的舊景，早已走入歷史。年輕一代，有幾個知道馬真路曾經有過風光的一段歲月？

讀書時代，常到這裡找同學，他們的父母，叫馬真路為同濟醫院前，有些叫怡園前。兩個叫法都沒有錯，因為馬真路就在同濟醫院或怡園的前面。

從前經過這裡，總要多看那三間有個三角形屋頂的店屋一眼，然後心裡在想：「當年這裡曾經吸引了不少潮州人進進出出。有達官顯要，也有販夫走卒，熱鬧極了。」現在，這些舊店屋頂也永遠看不到了。

馬真路的戲園子

那三間三角形屋頂的舊店屋,便是「怡園」。

怡園是戰前便有的戲園子,位在潮州人聚集的馬真路,因此大多時間演的是潮劇。

我在1985年訪問過楊書松先生(1994年去世),楊先生是當年潮籍聞人楊纘文的兒子,年輕時與父親住在「怡園」附近的渥路。當時的娛樂節目缺乏,晚上沒事做,到戲園看潮劇演出,是最好的消遣,因此,楊先生那時可說是「怡園」的常客。

他說:「我父親當時看潮州戲比我看得還要多,他不但在『怡園』看,也在『哲園』看。有時在『怡園』看一半,便到『哲園』看另一半。」

楊先生說的「哲園」,是在奉教街,也有人叫新巴剎腳,官方的路名叫紐馬吉街(New Market Road),這家戲園也以演潮劇為主。

建於1921年的「哲園」,也早已結束營業,拆毀前是一家餅乾廠的貨倉。

楊先生的父親當時每天忙著看潮州戲,那是因為他受到坡督的委任,監督潮劇戲班,保護潮劇童伶不受班主的虐待與剝削。

當年同濟醫院的老舊大門已成了保留建築物

原來,當時的童伶,身世都很悽慘,由於家貧無奈,父母只好含淚把他們賣給戲班學戲,然後跟著戲班飄洋過海,到南洋演出謀生。

很多童伶,動輒受到班主的鞭打與各種虐待,殖民地政府以保護孩童為藉口,因此禁止潮劇演出。

當時的潮籍僑領楊纘文、李偉南與李金賜三人,為了這件事,便代表潮州八邑會館,謁見坡督金文泰爵士,費盡唇舌,向他要求,坡督才答應讓潮劇重新演出;不過他要三位代表保證,今後潮劇戲班,不准再有童伶受虐待的事情發生。

楊纘文等僑領,為了使到潮劇重見天日,只好答應坡督

馬真路的戲園子

提出的條件。於是,潮劇又像往常一樣演出了。

從此以後,楊纘文與李偉南、李金賜便成了潮劇演出的監督人。

戲班每次演出,一定要在最前排留下三張椅子給他們三人。他們來看戲,主要是看童伶出場有什麼不妥,如果發現他們走路時有什麼問題,便要到後臺查個清楚,看看是不是又有童伶被班主虐待。

楊先生記得,當時李金賜工作忙,常常騰不出時間看戲,他的那張空椅子,便保留給另一位潮州八邑會館的要員林錦成。

當然,林先生到戲園來,主要也是監督戲班的演出,並不像一些戲迷,是為了看戲而來。

著名的諧劇藝人王沙(――― 1998),童年時代也住在馬真街一帶。

1987 年 3 月,邀他和畫家賴瑞龍同遊馬真街,回憶當年這裡的舊情舊事。

王沙說,他童年時代,常在馬真街的「怡園」走動,對這裡的情況,太熟了。

馬真路舊景不再

「怡園」給他的第一個回憶是，這間戲園又髒又臭，但當時的人要求不高，工餘之暇，又沒有其他更好的娛樂，因此戲園的生意並沒有受到又髒又臭的影響。

他記得，在「怡園」看戲，有很多情形是現在見不到的。譬如「戲尾票」，現在的人恐怕聽都沒聽過，但他卻在「怡園」買過很多次「戲尾票」。所謂「戲尾票」，王沙的解釋是這是戲園收票員玩的一種花招，在戲快要完場時，收票員蹲在一張破舊的木椅上，一面抽香菸，一面大聲叫著：「看戲尾，每人兩分錢，好戲在後頭，別錯過機會……。」

許多擠在門口的戲迷，這時便一擁而上，把 2 分錢硬幣

馬真路的戲園子

「噹」的一聲丟進收票員手上的一個銅盤裡,然後走進戲院,找位子看「戲尾」。「戲尾票」是沒有票的,那 2 分錢,大概歸收票員所有。

作者 1989 年探訪馬真路時,怡園的建築物還在

當時的戲園,另一個現在看不到的「特色」是,每張觀眾席的後面,都貼著一張張戲票,戲園的生意越好,椅子背後貼著的戲票便越多。

原來，當時的戲園，還沒有實行對位的方法，誰先買票入場，誰便能找到最好的位子。

王沙說：「我們買了票之後，入場時把票交給帶位員。他手上拿著漿糊，一面帶我們找位子，一面把漿糊塗在戲票後面，然後把戲票貼在位子背後。」

談到當年買票看戲，楊書松說：「最早時的戲票，分為 1 元、5 角與 2 角半三種，後來調整為 2 元、1 元與 5 角。」

他記得當年與家人到「怡園」看戲時，常常請守門員先替他們「霸位」，每張「霸位」戲票，多給 5 角錢，這些錢，守門員自己收下，當做服務費。

馬真路的戲園子

畫家回憶馬真路

　　畫家賴瑞龍，小時候住在馬真路旁邊的馬真巷，幾十年過去了，到現在還記得這兩個地方的舊貌。

　　他說，舊的馬真路如果還在，可以在這裡取材拍電影，拍出來的故事，就像導演楚原當年拍的 72 家房客那樣，大都市裡的小人物，各行各業的都有。馬真路很有滄桑味，實地取景也不錯。光是那個有百年歷史的怡園，便有很多題材可拍電影。

　　怡園是馬真路的一個戲園子，曾經有過風光歲月。馬真路的時代漸漸褪色，戲園子的光芒也跟著消失。拆毀前，它是一家餅乾廠的貨倉。

　　他說：「怡園還是戲院的時代，我年紀小，到懂事時，它已變成百貨商場，我有去買過東西。」

　　在瑞龍的記憶裡，走進怡園戲園的大門，前面便是一個木製的樓梯。走上樓梯，這座由三間屋子組成的舊店屋，分成兩個部分，一邊是嶺東影社，老闆是一位洪先生；另一邊是一間工友聯合會的會所。

畫家回憶馬真路

畫家賴瑞龍(左二)回憶馬真街。
右起為本書作者、王沙及他的太太,左一為關新藝。(1980年)

瑞龍小的時候,曾到嶺東影社拍過照片,也見過老闆洪先生,因此他在這方面的印象十分深刻。

他說:「別看『怡園』破破舊舊,本地有個十分出名的鋼筆商,便是在這間破破舊舊的百貨商場裡,靠一個攤位起家的。」

從「怡園」走出來,瑞龍記得對面是南華昌咖啡店,老闆是海南文昌人唐燨周,這間咖啡店的魚頭當時很出名。

馬真路雖然是潮州人的聚集地,但其他籍貫的人在這裡開店做生意的也不少。

瑞龍說：「馬真街轉角有間當店，下來是一間鞋廠，再下來幾間是打鐵店，這些店的老闆，都是客家人，但他們的潮州話講得很好，幾乎跟潮州人一樣。」

　　怡園的隔壁，有間本草堂藥鋪，當時很出名。藥鋪的老闆是潮州老先生，戰前便住在馬真路，專醫各種離奇雜症。有人臉上長了什麼瘡，只要到「本草堂」找老先生，拿了一些藥草與藥粉，回去一塗，據說一兩天後後好了。

　　馬真路消失後，「本草堂」也不在了。

　　瑞龍說，那年拍馬來亞化電影出名的易水，拍了一部電影《錦繡前程》，找香港明星王豪做導演和演出，出錢拍戲的人，便是我馬真巷一個姓余的鄰居，余先生作魚行生意發達，有了錢就想拍電影，找到易水，圓了他的拍戲夢。

　　他說，有一次易水駕了一部大汽車來找余先生，那是幾十年前的事情，馬真巷第一次有那麼大的汽車進來，街坊都看傻了。

　　今天，馬真路還在。但街上的兩排舊店屋全拆了。在馬真路住過的居民，不會再回來尋根，因為這裡已無根可尋了。

畫家回憶馬真路

現在的馬真路,也有人叫「怡園前」,右邊是以前的怡園

李德街也叫八角廁所

1990年9月9日,頂著天上熱哄哄的大太陽,和著名的諧劇藝人王沙及他的幾個友人,到李德橋(Read Bridge)和李德街(Read Street)「尋根」。那時王沙(——1998)已半退休,人老特別懷舊,李德橋和李德街是他童年成長的地方,一直想回來看看。剛好我在新明日報寫的《根的系列》,正想寫當年潮州人積聚的老街,於是約好一起探訪李德橋和李德街。

王沙生前到李德街附近的店屋,拍到他以前住過的屋子

李德街也叫八角廁所

早期的李德橋

2011年12月15日冒著細雨,探訪李德橋和李德街,橋和街已完全變了樣。李德橋濃妝艷抹,已沒有以前那種滄桑美。李德街變得更多,從前簡陋的店屋,一間間脫胎換骨,變成披紅戴綠,神采奕奕的美食店。2000年探訪李德橋和李德街,王沙在場,笑匠講話風趣,笑聲盈盈,如今斯人已逝,站在李德橋前,不免感慨萬千。

雖然,王沙不知道李德橋是取名於10世紀本地一位英國商人李德的名字;他也不知道在李德橋的名字尚未出現之前,這裡原本叫馬真橋,後來馬真橋重建,1887年2月由李德先生主持奠基儀式,兩年後這座橋才完成,李德橋的名字,才在歷史長河裡出現。

但是,王沙很懷念這座橋。

他的童年,大部分時光都在這座橋上度過。

從前的李德街

圖中的圓環便是八角廁所的所在地

他說:「我最無法忘記的,是在這座橋上玩『跳飛機』。」

玩「跳飛機」是用粉筆在橋上畫一個飛機型的方格子,那個畫方格子的小孩,常常便是王沙。

李德街也叫八角廁所

　　畫好方格子之後,大家便在格子裡跳來跳去。王沙在這方面最拿手,玩起這個遊戲,很多孩子都不是他的對手。

　　他說:「除了睡覺、讀書,我童年的時光,幾乎都在橋上度過。」

　　語言專家趙元任先生當年寫過一首〈教我如何不想他〉,這個「他」是誰?趙先生說是寫歌詞的劉半農。

　　王沙也喜歡〈教我如何不想他〉,他笑著說:「我心中的這個『他』,便是那座李德橋!」

　　除了每天在橋上玩「跳飛機」,當然有時也玩其他的童年遊戲。王沙也記得,他當時有個舅舅在大船做工,舅舅很疼他,常常帶他走過李德橋,經過柴船頭的公廁,到河岸對面的新巴剎吃肉骨茶。

　　當時很多住在李德街的居民,不知道自己住的這條街便是李德街,大家知道的是八角廁所,只要說八角廁所,誰都知道在哪裡。

　　當時的中華總商會董事劉特靜,那天也和我們在一起,證實的確有這回事。劉先生戰前曾在八角廁所對面的陶英小學念六年級,後來讀中正分校,那幾年的時間,他都寄宿在陶英學校裡。

　　他說:「當時的公廁不止八角廁所一個,但八角形的廁所

恐怕只有李德街的這一個。所以,人們去李德街訪友,都說去八角廁所找朋友,很少人提到李德街。」

　　劉先生當時住在後港,在後港一間學校唸完了小學六年級。他的一個遠親林春李在陶英學校教書,當時陶英學校的成績很好,林先生希望他在「陶英」多念一年小六,然後才報考附近的中正中學分校,這樣更有把握被錄取。

現在的李德橋已變得更摩登了

　　於是,他成了陶英學校六年級的學生。

　　在這間學校多讀一年小六之後,果然,他很順利地考進了中正中學分校。

李德街也叫八角廁所

今天的李德街已變成美食街

過了李德橋,便是李德街

他說:「林老師是潮州揭陽人,古文很好,教我們古文如唐詩宋詞時,是用潮州話來唸;不過,如果教的是其他課文,用的是鄉音很重的華語。」

當時的陶英學校,校長姓林,他的一個弟弟也同在「陶英」教書。在劉先生的記憶裡,兩層樓的陶英學校,共有五間課室,校長夫婦以及幾個老師都住在學校裡。

學校雖然有電燈,但電力不夠,燈泡開起來不夠亮,所以他們當時用的是氣燈。

他說:「那時的自來水不普及,屋子裡住的人又多,廁所不夠用,大家只好用八角廁所了。」

劉先生說:「在李德街住了幾年,印象最深的是,晚上這條街到處可以聽到咯咯作響的木屐聲,因為當時的人,很多都穿木屐。」

還有,進進出出八角廁所的,很多是在河邊做工的老阿兄,他們下班後,便到廁所洗澡,洗淨一身的疲勞,才踏著夕陽回家,晚上出來聽說書人講三國演義。

八角廁所,真是叫人懷念。

李德街也叫八角廁所

福南街與振南街

每次經過消防局總部,都會想起昔日的福南街(Funan Street)。福南街的隔鄰,是振南街(Chin Nam Street)。現在,這兩條街在 1977 年已經消失,讓位給了福南大廈(Funan Centre)。

福南街住的大多是廣府人,振南街的居民,潮州人居多。兩排的舊店屋,說是兩層樓,其實還有一個假三樓,應該說是三層樓的屋子。

當時新加坡有幾條著名的食街,在大坡的是丁加奴街(Trengganu Street),在小坡的是俗稱黑街的白沙浮,福南街處於大小坡之間,在水仙門附近,是條非常有名的食街。

當年的這三大食街,隨著時日的消逝,環境的變遷,福南街已經成了歷史名詞;白沙浮一度消失,現在又以新的生命重現,但昔日的舊面貌、舊景觀已不復見。丁加奴街雖然還在,從前馬路兩旁,一個緊接一個,令人垂涎的食攤已搬遷,當年食街的風情,已被歲月淹沒。

福南街與振南街

福南街的盡頭是消防局

三大著名的食街,最早消逝的是福南街。

福南街的街名,是為了紀念當時的慈善家劉金榜手創的福南號。劉金榜當年除了是福建會館董事、華人參事局參事、中華總商會發起人之外,坐落於金吉路的雙林寺,也是他所倡建的。

當年大小坡的三大食街,丁加奴街與黑街,以夜市出名;福南街最熱鬧的時間是白天。

福南街很長,1950、1960年代,街的兩邊都是攤販,從街頭到街尾,一攤接一攤,在這裡做生意的小販,起碼有四、五十個單位。

這些勤勞的小販,大多從早上八、九點開攤,到黃昏五、六點收工。他們的顧客,主要是在水仙門或附近上班的

店員以及政府部門的公務員。

公務員大多數來自福南街附近的水電局。那時候，市議會與高等法庭，也在福南街一帶，每天出出入入的人很多，古老的福南街，因此成了著名的食街。

福南街的小食很出名，大家最熟悉的是這裡的牛肉麵、豬腳、潮州魚飯、炒粿條、雲吞麵、叻沙⋯⋯等，福南街消逝後，小販只好各奔西東，另闖前程。

讀者如絲小時住在福南街，在報上說，有兩個挑擔的小販，常常把擔子挑到他爺爺的店門口，一個賣杏仁茶，一個賣鴨肉，他們的東西最好吃，杏仁茶真材實料，吃了讓人齒頰留香，那個賣鴨肉的叔叔，不知有什麼滷鴨的祕訣，吃了令人回味無窮。

早上的福南街，是熱鬧的菜市場，到了中午，像孫悟空七十二變，變成更熱鬧的小食中心，各種好吃的美味，應有盡有。

福南街的街頭與街尾，有兩間咖啡店非常出名。在大馬路這端是「大天」，二馬路是「月蘭亭」，兩間咖啡店的生意都很好。「大天」的炒粿條、牛肉丸有口皆碑，「月蘭亭」的分店，也開了好幾家。

忘記從那一年開始，福南街的情況有了一些改變，先是街上出現了賽馬公會的辦事處，每逢禮拜六或星期日，許多

福南街與振南街

想發橫財的人,都湧向這條街來買馬票,使得本來已經夠風光的福南街,更是熱鬧異常。

大概同一時期,福南街的一邊馬路,畫上了停車線,攤販只能擺在另一邊的馬路上做生意,不像早期那樣,馬路兩邊都是攤販,走進福南街,就像走進了食的世界。

喜歡作畫的朋友,常常喜歡到福南街寫生。

振南街消失了,原址是現在的福南大廈

畫家喜歡充滿生活氣息的題材,福南街的小販、路人,以及兩旁陳舊的老屋,都是他們作畫的目標。

從大馬路這端看下去,福南街的最大特色是,它的盡頭是一座古色古香的紅色建築,建築上有兩個突出部分,非常搶眼,這便是消防局的總部。

福南街的攤販生意那麼好，主要是這裡附近還有美羅、燕京、奧羅拉三大當年的百貨公司。百貨公司顧客多，買了東西後，便到附近的食街吃東西，福南街的小食生意自然好了。

　　現在談談振南街。

　　振南街的街名，是為了紀念一位牙科醫生張振南。

　　張振南是廣東省中山縣人，他的父親張春田，生在香港，到美國學牙科，畢業後前來新加坡執業。

　　1893年，張春田被委任為世界哥倫比亞牙科大會駐海峽殖民地分會主席。1893年他病逝之後，張振南與弟弟振衡繼承父業，合創振昌兄弟公司，一面經營牙科用品，一面兼代理名廠鐘錶，賺了不少錢。

　　也許在推動牙齒保健方面，對當地有重大貢獻，因此振南街便以他的名字為名，紀念他在這方面的表現。

　　張振南逝世之後，他的後人一個個脫離振昌兄弟公司，另創他業。

　　振南街雖與福南街為鄰，但它的熱鬧程度，遠不如後者。不過，很多福南街小販，都住在振南街，那些流動的小販攤位，不做生意的時候，很多都擺在振南街的路邊。

福南街與振南街

消防局的對面是現在的福南大廈

但，振南街是附近的家庭主婦每天光顧的地方。

對家庭主婦來說，振南街給她們的印象恐怕比福南街還要熟悉。

福南街是食街，吸引的是食客；振南街是市場，來來往往的是家庭主婦。

福南街與振南街被拆後，這裡的小販曾經搬到首都戲院附近的小巷繼續做生意，有店鋪的則搬到三層樓高的首都購物中心。

後來，首都購物中心改建成多層停車站，這裡的商店又搬到附近的福南大廈頂層的「美食天堂」營業。

所以，福南街與振南街的小販與店鋪，都有過二、三次「搬家」經驗。搬到福南大廈之後，大家都相信這裡應該是永久的家了，人人都希望在新的環境裡，明天會更好。

　　雖然，福南街的小販與商人，已在新的環境裡安定下來；但是，相信還有一些人緬懷以前的舊時光。儘管舊的環境在衛生設施上沒有現在好，但在那條街上生活了幾十年，一桌一椅，每一張面孔，都那麼熟悉，那麼親切，這份感情，是不容易被其他東西取代的。

福南街與振南街

吉寧街印球衣

很懷念舊時的吉寧街。

戰前的吉寧街,住著很多當苦力的吉寧人,因而俗稱吉寧街。又有多間吉寧人開的羊奶店,每天進進出出的吉寧人更多,因此也有人把這條街,叫著甘榜素素或羊奶村(Kampong Susu)。

吉寧人是印度的僑民,不喜歡被人家叫「吉寧」。有一年印度總統尼赫魯(Jawaharlal Nehru)訪問新加坡,曾透過報章,希望新加坡人叫他的吉寧僑民為印度人,吉寧街也不要再用。這條街不是有官方的路名:克羅士街嗎?以後就叫克羅士街(Cross Street)好了。但上一代的新加坡人,叫不慣英文的克羅士街,還是一直叫吉寧街,到1970、1980年代,吉寧街才漸漸少有人叫,取而代之的是海山街。

其實,海山街是克羅士街上段(Upper Cross Street),這裡昔日有過私會黨的海山公司而得名。你如果搭計程車,把克羅士街說成海山街,計程車一定把你載到克羅士街上段,

吉寧街印球衣

還是乾脆說到吉寧街來得好,司機才不會弄錯。

記得 1950 年代,吉寧街是我常到的一條街。我有幾位親人,在安祥山的一個俱樂部做事,吉寧街就在安祥山的山下,我每次從小坡騎著腳踏車到安祥山,都會經過吉寧街。

吉寧街住的印度人並不多,只有幾間店鋪是印度人開的,最出名的是羊肉店,門口吊著幾隻尚未清毛的綿羊,慕名來買羊肉的顧客很多,生意很好,吉寧街的街名也越傳越遠。1970 年代,我到過吉寧街買幾次羊肉,那個店老闆,還會講幾句華話。

吉寧街的官方路名是克羅士街,但當時的人,把這裡叫克羅士街的不多,家鄉的來信,信封上的地址也大多寫吉寧街。

吉寧街直上,便是海山街

1975 年的吉寧街，前面是橋南路

　　吉寧街的後面，有個籃球場，每次經過大門內，如果是黃昏時分，我總喜歡在球場旁邊站一站，看看一些球隊在練球。

　　吉寧街給我最多的回憶是，那時我喜歡打籃球，每次組織球隊，都是到吉寧街的馬華體育用品社印球衣。

　　「馬華」的老闆姓蘇，跟體育界的交情很好，尤其籃壇，很多球隊的衣服，都給他印。

　　記得，我組織的球隊，背心都是自己準備。有些球員買不起新的背心，只好把家裡穿過的舊背心帶來，有些破了一兩個小洞。

　　當時印一件球衣，要五六角錢，球員都還在讀書，有時要湊足一筆印衣服的費用，還很傷腦筋。

吉寧街印球衣

已故的老國手陳亞尾有一次和我談起他當年在「馬華」印球衣的往事，其中便有這樣的一段「糗事」。

亞尾說：「好幾十年前，有一次我要到『馬華』去拿印好的球衣，球員們交給我的是一分和五分的銀角，我把這些銀角收到一個袋子裡交給『馬華』老闆，他老先生看到這麼多的銀角，起初不肯收，後來我們爭執起來，他才把銀角收下。」

今天的吉寧街，「馬華」的那排店屋早已拆除，對面以前也是一排矮屋，現在變成了 China Square Central，Cross Street 的路牌也不見了，吉寧街啊，連個痕跡也找不到了。

現在的吉寧街，兩排的店屋已拆除了，前面是 China Square Central

大坡與小坡

問過很多老新加坡，大坡與小坡如何區分？所得到的答案幾乎都是：大小坡是以新加坡河來作分界線，河的南岸叫大坡，北岸叫小坡，你站在新加坡河南岸與北岸之間的愛爾琴橋（Elgin Bridge），這裡既不是大坡，也不是小坡，只有過了橋，才能劃分大小坡。

幾十年來，相信很多人都是以這個方法來劃分大小坡，於是，今天的水仙門商業大廈，便屬於小坡地帶，對岸的河畔大廈，自然歸給大坡了。

不過，已故的著名南洋史學家許雲樵先生在 1940 年代，沿皇家山腳（River Valley Royoh）往俗稱水龍頭的後巴窯（Oh Payoh）走去，發現那裡的居民，都以這些地方為「大坡」，例如穆罕默蘇丹路（Mohamed Sultan Road）的住戶，每家門口的垃圾桶上，都寫著「大坡穆罕默蘇丹律」。

因此，以新加坡河作為大小坡分界地的說法，也未必全對。如果新加坡河的南岸叫大坡，北岸叫小坡，穆罕默蘇丹

大坡與小坡

路既不在河的南岸,也不在河的北岸,當然沒有理由叫大坡了。

三輪車從大坡踏過橋的這一段,便是小坡了

現在的愛爾琴橋

橋的左邊是大坡，右邊為小坡

　　但可以理解的一點是，幾十年來大家習慣上的叫法，都是以愛爾琴橋來劃分大坡與小坡。

　　到底，真正的大小坡是如何劃分的呢？根據許雲樵先生的說法，大小坡這兩個名詞，有一段歷史背景的故事。

　　原來，1819年萊佛士爵士在新加坡登陸時，看到在水仙門一帶的獅城遺跡，他當時曾說：「獅城的堡壘，防禦的牆壁，現在還可以看到，我大不列顛旗幟已在堡壘之中，自由飄揚。」

　　被萊佛士委任為新加坡駐紮官的克勞馥（John Crawford）有一篇日記，也提到獅城遺跡。據他所說，獅城東邊是海，北面有城垣環繞，西邊為鹹水浦，直通海口……，鹹水浦的西邊，當時已是市區。

大坡與小坡

　　由於這一段日記,許先生為大小坡的區分找出了答案。他認為克勞馥在日記裡所說鹹水浦西邊,便是新加坡河的南岸,也是華人飄洋過海南來,第一個聚居地,依照先有大後有小的程式,新加坡南岸便叫「大坡」;而把獅城舊跡以北,後來成為華人第二個聚居地的地方,叫著「小坡」。

　　大小坡以愛爾琴橋的橋頭與橋尾來做分界線,也有它的道理。

　　因為大坡大馬路的官方路名為橋南路,小坡大馬路的官方路名為橋北路,基於新加坡河南岸為大坡,北岸為小坡的說法,人們自然而然便以橋的南端為大坡,北端為小坡了。

小坡當年最熱鬧的是白沙浮,晚上人妖與美國水兵最多

　　不過,老一輩的新加坡人,他們口裡的小坡,指的往往是海南街(Hylam Street)、桂蘭街、峇厘巷、(Bali Lane)白沙

浮、蘇丹街、美芝路一帶。水仙門雖然也屬於小坡地盤，但上一代提到水仙門，很少聽到他們說：小坡水仙門。水仙門在他們的眼裡，似乎介於大坡和小坡之間。

大坡和小坡，在新加坡的歷史長河裡，究竟哪個先出現呢？

這一點，根據很多方面的數據，毫無疑問，肯定是先有大坡，然後才有小坡。

19世紀初期，中國東南沿海省分的華人，移民新加坡的越來越多，漸漸的，在這裡形成了同方言群移民聚居的情況；這些中國移民，當時都是聚居在大坡，如福建人集中在直落亞逸一帶；潮州人住在勿基和新加坡河上游兩岸；廣府人則湧往牛車水，在廣合源街、丁加奴街、史密斯街一帶討生活。

這時候，移民人數已到了相當飽和的階段。但是，19世紀末，海南人、廣西人及閩北地區的福建人，因為鄉下生活貧困，一批一批離鄉背井南來謀出路，這些遲來的移民，在大坡無法插足，只好另找地盤，便到小坡區聚居和發展了。

1887年，來自上海的滿清官員李鍾珏來新加坡跑了一趟，以他的所見所聞所感，寫了一本書《新加坡風土記》，有這樣的一段描述：「在新加坡，沒有比『大坡』來得更繁華者⋯⋯，在直落亞逸，餐廳、劇院、青樓林立。此處人口繁多，藏汙納垢，無他處可堪比擬也。」

大坡與小坡

白沙浮當年這裡的水果攤最多

現在的白沙浮依然是人潮如鯽,熱鬧得很

這,便是 1887 年的大坡。

當時,小坡剛剛開始有移民聚居,根本談不上熱鬧。

1845年到1875年之間，中國有成千上萬的勞工，被掠賣和拐騙出國，成了血淚斑斑的「豬仔」，在這30年的時間裡，被騙出國的華工，竟有50萬人之多，其中一部分是被騙到新加坡來；這些被騙來新加坡的「豬仔」，當時是聚居在大坡牛車水一帶，幾十個人擠在幾個又髒又小的房間裡，等待送入商人的手中，做牛做馬，過著非人的生活。

　　豬仔集中的地方叫豬仔館，最著名的豬仔館是寶塔街的「廣合源」號，所以寶塔街也俗稱廣合源街。直落亞逸的「源順」，也關了不少豬仔，因此叫源順街。

橋南路兩旁的建築新舊參半，相映成趣

大坡與小坡

大小坡的日本街

　　早期的新加坡，有兩條日本街，一條在大坡，一條在小坡。大坡的日本街，即現在的文達街（Boon Tat Street），上一代的福建人也叫媽祖宮邊。而小坡的日本街，真正的官方路名為海南街，路口掛著的那塊路牌便清清楚楚寫著「Hylam Street」幾個英文字，在 1970 年代，已和相鄰的馬來街、馬拉巴街走進了歷史。為了留住歷史，現在的 Bugis Junction，還立了馬來街和馬拉巴街的路牌。

　　大坡和小坡的日本街，戰前都是日本聚集地，大坡的日本街，戰後才改名為文達街。文達即當年新加坡著名的實業家，新世界遊藝場的創辦人。小坡的日本街，因為戰前很多日本人住在這裡，日本人經營的商店和藝妓館一間接一間，因此俗稱日本街，但官方的路名是海南街。和平後幾年，我還是孩童時代，曾到過小坡的日本街，日本人早已經跑光了，但掛在店屋門口的日本招牌，有些還沒有拆。

大小坡的日本街

1990 年的文達街

　　那個年頭，我住在坡底的一條老街，耳裡聽到的常是「日本街」，名正言順的「海南街」卻很少有人叫。大家口裡的海南街，是靠近美芝路那段的密駝路，巴米士街 (Purvis Street) 與佘街 (Seah Street)，也就是叫了幾十年的海南三條街。2005 年我和海南文化學會的祕書董明思，製作了一個海南話的話劇，劇名叫《海南四條街》，出現了一些不同的聲音，有人說海南街向來只有三條，何來的海南四條街？後來我大費唇舌，把官方立名的這條海南街搬出來，大家才說：「哦，原來如此。」

今天的文達街，右邊是老巴剎

　　最近和幾個曾住過坡底的老茶友聊天，談起小坡的日本街，大家都興致勃勃。我拿出手上的一張王氏祠的舊照片，老韓說，王氏祠在日本街的 3 號門牌，當年的國會議員鄺攝治，就住在王氏祠隔壁的店屋樓上，王氏祠的對面是鴻勝館，每個晚上都聽到練舞獅的鼓聲。老韓的父親在日本街有個咖啡攤。他在父親的咖啡攤幫忙，還組織了一個乒乓隊，隊名叫新志，在日本街的一條後巷練球。家在海南一街的陳家煥，當時也是日本街的常客，他說日本街靠近白沙浮那端，有個老人家在路邊賣草龜和山瑞（鱉），他常常去光顧，草龜一碗 5 毛，山瑞 3 毛，那個賣草龜的老人，穿著一件圓領的白色背心，虎背熊腰，像個武林高手，坐在一張凳子上，一碗一碗地賣他的草龜和山瑞，生意特別好。

大小坡的日本街

俗稱日本街的海南街（1988 年）　　　　1970 年代的白沙浮

　　日本街的王氏祠是我最熟悉的，那是一棟三層樓的老屋，父親生前曾是王氏祠的財務，那年病逝，靈車還特別從王氏祠經過，在門口祭拜一番。王氏祠的隔壁是瓊崖潘氏社，在王潘兩個姓氏的社團之間，隔著一條小巷，穿過小巷便是馬拉峇街。王氏祠前面的馬路上，有個咖啡攤，桌椅都擺在小巷。潘氏社是在樓上，樓下是四而咖啡店，常常有人擺婚宴。再往前走，是謝氏公會。還有一間老屋，樓上住著幾個盲人，黃昏時分便挂著枴杖，口裡吹著笛子，在附近的幾條街替人按摩謀生。

當年的 Hylam Street 和馬來街，今天已建了風雨走廊和冷氣

　　舊的去新的來，敵不過時代巨輪，日本街消失了，街上的一景一物，一磚一瓦，像是一幅懷古幽情，充滿溫馨的風景畫，永遠留在我這一代坡底人的記憶裡。

大小坡的日本街

小坡最短的一條街

你知道小坡最短的一條街在哪裡嗎？

位於橋北路的百勝樓（又叫書城），你該知道吧？百勝樓左右兩邊有兩條小路，一條叫培英街（Bain Street）也叫猛街，另一條為啟信街（Cashin Street）。走進啟信街，前面有一條短短的小路，便是米勒街（Miller Street）了。走出米勒街，便是小坡二馬路，也叫維多利亞街（Victoria Street）。

米勒街 20 多年來變化不大，短短的一條街，沒有百公尺長，也沒有店屋，只有一間旅行社，門口的牆壁上，還可見到 3 號 Miller Street 的路牌。1950 年代，米勒街的兩邊街口，是兩間咖啡店，桌椅都擺在騎樓，靠近百勝樓這邊的一家，我早上經過，常常看到作曲家馬克在喝茶。另外一家咖啡店，有個馬來人賣椰漿飯，生意很好，我是常客，吃了好幾年，後來店屋被徵用，兩邊的咖啡店都拆了。幾十年過去了，米勒街變化不大，跟以前不同的是，多了一間旅行社。

米勒街雖短，但路短作用大，你要到熱鬧的啟信街，或

小坡最短的一條街

從啟信街到小坡二馬路,都要經過這裡。

百勝樓(Bras Basah Complex)未建之前,這裡原本有三條小巷,除了米勒街,還有嘉華街(Carver Street)、澄海坊(Teng Hai Place)。為了建百勝樓,澄海坊不見了;嘉華街也讓路,割了一大段。米勒街依然故我,以不變應萬變。

童少年時代,這幾條簡陋的小路,留下我不少的足跡與笑聲。

當時,常常到啟信街的學生書店看書。學生書店的旁邊是雲氏公會,海南梁氏公會,走不遠向右轉便是嘉華街。走進嘉華街,右邊有個小巷,就是澄海坊。

澄海坊有個聚軒俱樂部,是一群海南文化人創辦的,很多教書的朋友,常在聚軒俱樂部打牌。為了訪友,我多次到過「聚軒」,對澄海坊不算陌生。

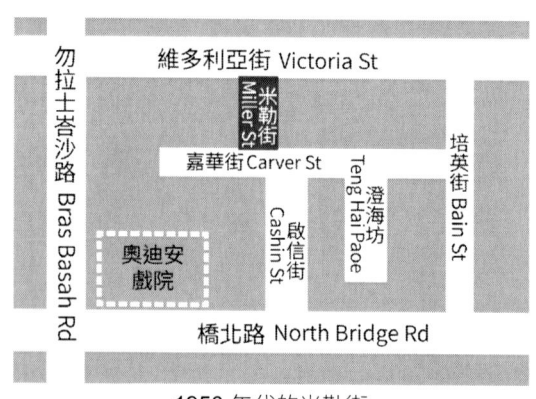

1950 年代的米勒街

最近與朋友聊天，原來他青年時代，也在澄海坊住過。

朋友不是海南人，但會說一口流暢的海南話，他說這是在澄海坊學的。

朋友是吉隆坡人，當年來新加坡謀生，經過本地一位長輩介紹，到澄海坊的一間藤器店當學徒。

米勒街是小坡最短的街

現在的米勒街

小坡最短的一條街

他說的那間藤器店，是個臨時搭起來的工廠，用現在的話來說，是非法建築。藤器店沒有自來水，要洗澡就到嘉華街的公共水龍頭去；離公共水龍頭不遠，有個公廁，朋友每天就到公廁去方便。

他說：「公共水龍頭和公廁離藤器店很近，對我們來說，很方便。」

藤器店也沒有電力供應，天黑了便點兩盞氣燈，工人在氣燈微弱的光線下，工作到晚上9點鐘。

1950、1960年代的幾個大選，澄海坊與嘉華街是各路兵家必爭之地。行動黨、自由社會黨、人民聯盟以及社陣等，都在這裡開過群眾大會。當時的政壇紅人，都到過這裡演講拉票。

米勒街前方便是啟信街，右邊是嘉華街

我印象最深的是，1959年自治邦首屆立法議院大選，勿拉士峇沙區有三個政黨競選，代表自由社會黨的符紅雨與行動黨的何佩珠在這裡開的群眾大會。對壘的何符兩人，各挖對方弱點，互相對罵，火藥味十足，符紅雨還拿出他寫的一本愛情小說送給觀眾，爭取選票。這本小說我住在海南一街時，曾保留多年，後來多次搬家，不知怎麼弄掉了。大選揭曉，何佩珠當選，不久看到何符化敵為友，一起為社區服務，皆大歡喜。

　　最近到百勝樓逛書店，順便看看當年熟悉的幾條橫巷。澄海坊已經淹沒在百勝樓裡了；嘉華街像個孤獨的老人，還有個路牌，只剩下一半，變成了一條兩邊都沒有店屋的老街，昔日老街的魅力已逝，但我還記得，它當年的那個公廁與公共水龍頭在哪裡。米勒街的兩邊，從前各有一個咖啡店的騎樓，咖啡店的生意好時，桌椅都擺在騎樓上。如今，這些舊情綿綿，叫人懷念的畫面，都被無情的時代吞噬了。

小坡最短的一條街

啟信街的學生書店

很懷念 1950、1960 年代的啟信街。

啟信街那時很熱鬧。幾家出名的華文書店都在那裡，還有十多個小販攤位，賣雲吞麵的、清湯的、豆花水的，還有一攤叫「賓記」的，賣海南雞飯，生意特別好，一攤接一攤，叫人食指大動。啟信街，在那個年頭，也可算是一條美食街。

啟信街在哪裡？就在今天百勝樓的旁邊。從橋北路進來，經過一小段的米勒街，可直通維多利亞街。

讀書時代，常到啟信街，最喜歡進學生書店翻書。那些小販攤位，就在學生書店的前面。學生書店 1975 年從啟信街搬遷，最後搬到美芝路黃金大廈的樓上，書店業難做，現在也不搞了。

學生書店 1954 年在這裡成立時，這條街還不太熱鬧，到了 1950 年代末期，路的兩旁出現許多小販攤位，才真正熱鬧起來。尤其是星期六，學生只上半天課，下午便湧到這裡

啟信街的學生書店

來,除了逛書店,也順便到附近的奧迪安或光華戲院看場電影,然後去月蘭亭或路邊的攤販喝碗清湯,吃碗雲吞麵,度過一個快樂的週末。

現在,啟信街早已經改建,路口的月蘭亭咖啡店,1975年改建為春雨大廈,後來易名為春美大廈,現在又叫郭國興大廈。儘管舊景不再,人事全非,昔日的月蘭亭,變成今天的McDonald's,但月蘭亭的咖啡,月蘭亭的炒粿條,還叫人懷念。

「月蘭亭」的樓上,有間金馬侖菜館,老闆是當年的紅藝人路丁與莊雪芳,常常有歌星在這裡進出捧場,生意相當好,後來不知什麼原因停業。

啟信街的學生書店

從「月蘭亭」往上走，便是上海書局。上海書局的大門對著大馬路，貨倉卻在啟信街，與學生書店遙遙相對。上海書局的隔壁是盧本立藥房，再往前走，是奧迪安戲院。

　　更早之前，這裡還有一間讀讀書店，老闆姓褚，那是奧迪安戲院尚未建成之前的事情。

　　從啟信街走出橋北路，左邊也有好幾家書店。轉角的一間是中學書局，很多書本都擺在門口外面；接下來是大眾書局、黑貓書局、青年書局等，中間還有一間爵士照相館。

　　小時候有個海鷗牌相機，拍好的底片，都拿到「爵士」沖洗；洗好的底片，一張張都是四方形的。洗一張黑白照，收費一角錢。照片上切出來的邊，有時是波浪型。現在，這種切相機，已經很少有人用了。在這幾家書店裡，跟大眾書局的接觸較多。小時候常常到大眾買《世界少年》與《安琪兒連環圖》；進入中學後，喜歡看電影畫報；那時大眾書店有個姓陳的年輕夥計，跟我一起打過籃球，每次向他買《長城》或《國際電影》畫刊，他只收我三角錢，便宜了五分。

　　後來，開始接觸文藝書籍，巴金的《家春秋》、《愛情三部曲》、郭沫若的好些劇本以及胡適的作品等，都是在「大眾」買的。

　　現在，雖然經過幾次搬家，這些「老書」還保留在書櫥裡，有些紙張已經發黃；有些書面已破損，但每本書的第一

啟信街的學生書店

頁,都寫著「購於 X 年 X 月在大眾書局」幾個字。

1980 年代,大眾書局擴充業務,發展到啟信街去,這時的華文書籍,已不如以前那樣好賣。看到書店裡這時兼賣其他與文具書本無關的東西,心裡便覺得難過。

另一間比較熟悉的書店是學生書店。

學生書店當年由蕭葆龍、陳德美與王書明三人合資經營,店面開始時只有啟信街 22 號一間,後來生意越做越好,把 23 號的空店也租了下來,據說當時的租金,兩間店鋪加起來也不過是 180 元。

今天的啟信街,左邊是麥當勞速食店,右邊是百勝樓

學生書店的特色是:雜書很多,各種刊物也一應俱全。不過,它最受歡迎的是許多與修養有關的青年讀物。

記得有一次，我騎著腳踏車到學生書店，看完書後竟然走路回家，忘記腳踏車還停在書店門口。第二天早上找腳踏車準備上學，找了老半天找不到，後來才想到，原來腳踏車停在啟信街學生書店門口。

　　學生書店的左邊是環球廣告社，再上去有個吉寧攤；學生書店的右邊有間海南人的雲氏公會，再下去不遠，便是一條平時很少人注意到的古老小巷，小巷叫嘉華街，一邊是空地，一邊是兩層樓的舊屋。

　　嘉華街有個特色，路旁有個公共水龍頭，很多勤勞的婦女，都用這個水龍頭替人洗衣，補貼家用。

　　白天，嘉華街的路邊，有兩、三個賣炒麵與豬腸粉的攤位，生意也不錯。嘉華街的前面，還有一個小巷，叫澄海坊。

　　小巷附近，有間「聚軒俱樂部」，樓上是住家，文化界很多不同籍貫的朋友，常常到這裡打牌，有些在這裡，還學了一口流行的海南話。

　　這條海南土話叫塞谷巷（意即小巷的另一端沒有通路）的小巷，住著不少勞苦大眾，每次的大選，各政黨都爭著在這裡召開群眾大會；每次的群眾大會，整條小巷擠滿了人。可見，小巷的力量，在各政黨的眼裡非常重，記得有些政黨的辦事處，也設在小巷裡。

啟信街的學生書店

猛街牛肉粉

老來喜懷舊，常想起猛街的牛肉粉。

猛街是民間的叫法，也有人叫咖哩巷，官方取的路名是培英路，但像我這一代的新加坡人，還是喜歡叫猛街或咖哩巷。為什麼叫咖哩巷？據說早年這裡有家咖哩廠而得名。

猛街（Bain Street）現在還在，但舊貌已完全走入歷史，它一面是百勝樓，另一面靠近國家圖書館，從前它的隔壁街是何羅衛巷，也早已消失。猛街兩排的店屋早已被拆，但它還算幸運，起碼猛街的路牌還保留到現在，它附近的幾條老街，連路名都走進歷史了。

1950年代，猛街44號A是在勤學校，每次經過，都聽到朗朗讀書聲。

年輕時常在猛街走動，有幾個打球的朋友，住在猛街的學友書店和冠南洋服店的樓上，常找他們吃街頭的牛肉粉。

猛街的街頭，一邊是利華金融，另一邊為新民鞋莊，鞋莊的隔壁是三民皮箱店。叫人懷念的牛肉粉攤位，就在新民

猛街牛肉粉

鞋莊的騎樓裡,從橋北路走進猛街,馬上就看到牛肉粉攤位,聞到牛肉香,食指大動,不想吃都難。牛肉粉的攤位雖不顯眼,狹小的騎樓只能擺三張小桌子,擺桌子旁邊的那塊牆壁,薰得黑黑,但生意特別好,很多人一吃就吃兩三碗,我便是其中的一人。

猛街的牛肉粉,用牛骨熬煮,熬到骨味完全滲出,香氣濃郁,特別鮮美爽口。這樣的牛肉粉,很久沒有嘗到了。最早時,猛街牛肉粉,湯的 2 毛,乾的 3 毛,後來變成湯的 3 毛,乾的 5 毛。那時我在中正總校讀書,每天到二馬路搭巴士上學,從猛街走過時,聞到牛肉香,常常要吃一碗才走。

猛街的街口是新民鞋莊與利華金融

本書作者與兒子德遠站在猛街路口留影，
背後橋北路的店屋已拆（1995 年）

現在的猛街街口

　　賣牛肉粉的老人家姓龔，膝下有好多個子女，起先是老伴在攤位上幫忙，後來一家人都來幫手了，再後來猛街這塊地段發生大變化，附近的舊店屋都拆了，蓋了現在的百勝樓，猛街牛肉粉也搬到橋北路的華興咖啡店，隔著幾間店鋪

猛街牛肉粉

是光華戲院,斜對面是奧迪安戲院,看戲的人潮很多,原本生意很好的猛街牛肉粉,這時的生意更好了。

幾年後,華興咖啡店整排戰前老屋被拆,變成今天的萊佛士酒店,猛街牛肉粉又再搬遷。幾十年過去了,猛街牛肉粉常常叫人懷念,猛街如今還在,但人面不知何處去,走進猛街,早已聞不到誘人食慾的牛肉香了。

現在的猛街,左邊是百勝樓,右邊是國家圖書館

幾年前,在大巴窰的食閣,還吃過猛街的牛肉粉,賣牛肉粉的是龔家的小兒子,大家是老街坊,見面還聊了幾句,但已不提猛街的往事,知道猛街那段舊事的顧客也已經不多。後來食閣大裝修,再去找他時,牛肉粉的攤位已不見了。

最近一位熱心的鄉親傳簡訊給我,告訴我大巴窯的華興,搬到茂德路(Maude Road)的一間咖啡店,幾天後我按址去找,果然找到了「華興」。幾天後我到烏節路的ION,又找到龔家老大主持的「華興」。我還在找,哪裡還有龔家的「華興」,他們的根都是在猛街。

猛街牛肉粉

三馬路，當年的「小延安」

　　小坡三馬路，雖然在密駝路的七條馬路中，排名第三，但它的「名氣」，卻是七條馬路中最響噹噹的。

　　不信，請看以下三點即可證明。

　　其一：小坡三馬路也即奎因街。「奎因」二字，是 Queen Street 的音譯，意譯為「女王街」。街名取為「Queen Street」，是為了紀念英國的維多利亞女王。女王在英國，權力最大，最受全國子民的敬愛。三馬路命名「女王街」，密駝路的六條馬路，誰可跟它比？

　　其二：在新加坡，當時也有一個「小延安」，這個「小延安」，便是小坡三馬路。三馬路所以與「延安」有關，那是因為 1940 年代，馬共在新加坡的總部設在這裡，與未搬遷到碧山前的公教中學為鄰，附近還有多個親共的會所。馬共的星洲市委，天天在三馬路走動，馬列主義的信徒，街上隨時可見。於是，在殖民地政府的眼裡，三馬路便成了馬共的「革命聖地」。

三馬路,當年的「小延安」

奎因街的這個地段,當年晚上最熱鬧

　　1948 年以前馬共是合法的政黨,但此一時彼一時,1948年殖民地政府實施緊急法令,馬共從合法變成非法,殖民地政府開始全力剿共,馬來聯邦的馬共躲進森林打游擊,新加坡的馬共也轉入地下活動,三馬路的「小延安」,也化整為零,表面上消失了。但,1940 年代的三馬路,有「小延安」的別號,有「革命燈塔」的威名,「名氣」確是響噹噹。

　　三馬路當時還發生了一起馬共派人用鹽酸潑公教中學一體育教員的事件,只因那個教員不知為什麼,得罪了馬共,於是遭到馬共的毒手,讓他毀了容。那年我 6 歲,住在事發地點的附近,事情發生後,街頭巷尾都在談論,我也約略聽到一些。

　　其三:三馬路也叫「小福清」,當年福清會館與福清人辦

的培青學校,都在這裡;附近的幾條小巷,住的也大多是福清人。馬路上走動的人力車,更是福清人的天下,因此人力車館也集中在奎因街。

據說新加坡最早出現的一條龍,也是在奎因街舞出來的。但帶出本地歷史上第一條龍的,是奎因街的福州人。1980年代,我在《新明日報》寫《根的系列》時,曾訪問過當時的國術界前輩陳少坤師父(1990年代病逝),他告訴我,在1927年新加坡已經有舞龍隊,當時的舞龍隊也叫龍燈隊,組織舞龍隊的是奎因街的福州木幫公所,隊員都是來自福州的木工,他當時在咖啡店作工,雖然是福州人,但不是木工,因此不能加入舞龍隊。

現在的奎因街,左邊建築物的前身是聖安東尼女校

三馬路，當年的「小延安」

三馬路這個「小福清」，還有一個綠色巴士車頭，每天多少人從這裡擠巴士到新山、裕廊與南大，路上還有很多霸王車在搶生意。1960年代，我在裕廊工業區作工，每早天未亮，便到奎因街擠霸王車到裕廊七英里，然後再轉霸王車去工廠。當年的「小福清」，從早到晚都出現人潮，密駝路的其他六條馬路，誰曾經這樣風光過？

三馬路靠近公教中學那一段，有個海南人的小村落，兩層樓的老舊屋子，每間住幾十個人，像電影72家房客一樣，但這裡鄉情濃濃，地靈人傑，出了不少人才，如2011年的總統候選人陳如斯、大學教授林徐典、官委議員張齊娥等，小時候都住在這個小村落裡。村落的對面，隔一條馬路，有幾個海南人的同鄉會，前國會議員錢翰琮未從政前便住在同鄉會裡。1959年中選為摩綿區議員的林猷英，也住在附近。同鄉會之間，最熱鬧的是15號門牌的銀河音樂會，常有合唱團、口琴隊的活動，學校假期又主辦野餐，三馬路有銀河音樂會，整條街都被它帶動起來。

三馬路，四馬路……多好叫！

　　書法家陳聲桂告訴我，有一次他從家裡搭計程車到書法家協會，他告訴計程車司機，要去四馬路，計程車司機不懂四馬路在哪裡，他說去滑鐵盧街，司機馬上一聲 OK，把他送去四馬路。

　　他說：「真好笑，四馬路叫了幾十年，計程車司機不知道四馬路在哪裡。」

　　回家問孩子，你知道四馬路在哪裡嗎？他搖搖頭。我說：「四馬路就在小坡觀音堂的那條街啊，你常常到觀音堂燒香，怎麼不知道四馬路在哪裡？」孩子說：「那條街叫 Waterloo（滑鐵盧），你講四馬路我當然不懂了。」

　　其實，不懂四馬路，只知道「Waterloo」，怪不得孩子；因為把「Waterloo」叫四馬路的那個年代，早已成為歷史了。有一次，我和一個四十多歲的社區領袖約好在三馬路見面，社區領袖聽到「三馬路」，瞪大一雙眼睛問我：「三馬路？在哪裡？」

三馬路，四馬路……多好叫！

我說：「三馬路就是Queen Street（奎因街）。」他說：「Queen Street 我太熟了，中國銀行就在這條路上。」

三馬路多好叫，為什麼不叫下去。我小時候住在密駝路，密駝路很長，兩排的店屋有：皮鞋店、照相館、旅店、修車場、豬肉舖與車牌店等。

1960 年代還有一家專賣日本產品的日本館。那年頭，左派工運如日中天，飯店工友、電話工友和鳳梨工友的聯合會都在密駝路，林清祥領導的各業工廠商店工友聯合會也在密駝路，每次的工友大規模遊行，都從這裡出發，政府抓左派的工運分子，也在這裡抓最多。各業工聯會是在密駝路 149 號，也是四馬路和三馬路之間的那排屋子。最好笑的是因為密駝路有幾個左派的工會，尤其各業工聯會有三萬多個會員，進進出出的都是年輕的左派工友，英國觀察家週報有篇報導形容「新加坡有一群很危險的赤色分子，那是密駝路的青年人。」整條密駝路，從美芝路這端到實利基路那端，隔著六條馬路。我的童年時代，大家都把這六條馬路，順序叫著：大馬路、二馬路直至七馬路。

現在的滑鐵盧街街口，左邊是剛新建的百勝地鐵站，右邊是新加坡美術館

　　到今天，我和老街坊見面，談起密駝路的七條馬路，還是離不開大馬路、二馬路這些帶有鄉土味的稱呼。你如果問他們「橋北路」、「奎因街」、「明古連街」(Bencoolen Street)、「布連拾街」(Prinsep Street)……在哪裡？他們也許要想一陣子，才能回答。

　　小時候，我常常和友伴，帶著童年的腳步，來回於七條馬路之間。看電影，大馬路有光華和奧迪安戲院，再往前走，還有首都戲院；喝喜酒，皇后酒樓就在二馬路，「皇后」的旁邊，還有一家也是常辦婚宴的「再發」；買菜？三馬路有個集市，但這裡的牛鬼蛇神太多，常常鬧事……如今，密駝路的舊貌已走進歷史，新的密駝路披上了新裝，但已失去了往日親切的鄉土味，最可惜的是，大馬路、二馬路這些簡單易叫的俗名，也走進了歷史。

三馬路，四馬路……多好叫！

明古連街，萊佛士也有份

明古連街（Bencoolen Street），也就是小坡五馬路。

小坡五馬路，為什麼萊佛士也有份呢？

原來，明古連是印尼蘇門答臘的一個地方，1818年萊佛士在這裡當過總督，1819年萊佛士到新加坡時，還是明古連的總督。

小坡五馬路街景（1992年）

明古連街，萊佛士也有份

本書作者的背後便是新華旅店（1992年）

萊佛士是英國開拓殖民地的功臣，1826年46歲時去世，英政府為了紀念他的功勳，新加坡的幾條馬路，便是以他的名字來命名，如萊佛士道、萊佛士林蔭道、萊佛士書院巷、萊佛士坊等，著名的萊佛士書院，也是用上他的名字。萊佛士的全名是史丹佛·萊佛士，史丹佛路也是紀念他的一條路。

小坡五馬路，取名明古連街，便是取自萊佛士曾在明古連當過總督。

1980年代，我常到小坡五馬路走動，那時候新華旅店還在，老闆是海南社會的名人趙玉山，我為了要多懂海南族群的歷史，常常找那時已八十多歲的趙老討教。老先生好客，對晚輩特別照顧，因此我那時是新華旅店的常客。

比兩旁的屋子高出許多的永遠芳麵包廠（1993年）

「新華」的斜對面是永遠芳麵包廠，永遠芳有三個店面連在一起，兩層樓高，老闆是瓊州會館理事王春權。

王春權也是海南社會的名人，我們在海南會館一起活動，很談得來，鄉親友情都有，但永遠芳麵包廠我沒進去過，只知道「永遠芳」是第一次世界大戰前便有的老店屋，店主是當時的海南首富王紹經，後來傳給他的兒子王先樹，王先樹再傳給兒子王春權。王春權接手永遠芳，一度非常活躍，還組織了永遠芳籃球隊到處比賽，大作宣傳。

那時海南人的三大麵包廠，都在小坡，一間是五馬路的永遠芳，一間是三馬路的「萬合豐」，還有一間人稱紅屋的，在小坡二馬路的轉角，店名叫呷麵包西果飲餐室。現在，海南人的這三大麵包廠，已走入歷史。

明古連街,萊佛士也有份

1950 年代在小坡五馬路的南華女校

　　小坡五馬路當年還有朗朗的讀書聲,南華女校就在這條路上,門牌 54 號,一辦辦了幾十年,後來學生太多,還在密駝路開分校。1941 年亞里士街的南華校舍建好,這裡便是南華的正校,五馬路的南華改為分校,密駝路的南華停辦。

小坡五馬路戰前的馬房,戰後變成人住的小甘榜

明古連街和密駝路的交叉口

　　從小坡大馬路（North Bridge Road）到七馬路（Selegie Road），看來變化最大的是五馬路，昨天在細雨中，我到五馬路探訪，幾個熟悉的地方都一百八十度地改變了，新華旅店早已被拆，原址上聳立一座座高樓，有一座是南洋藝術學院；製造麵包的老字號永遠芳也不見了，取代它的也是新的樓房。再過兩年，明古連街地鐵站建好，這裡的變化會更大。

明古連街,萊佛士也有份

密駝路有 8 條馬路？

最近搭計程車到牛車水，計程車師傅是個年近五十的人，一上車便和他聊天，談啊談的，他忽然講起了密駝路（Middle Road）。他說密駝路有八條馬路，大馬路是橋北路，八馬路是「實利基」（Selegie Road），我當時嚇了一大跳。密駝路是我的老家，我的童少年時光都在這裡度過，我只知道密駝路有七條馬路，「實利基」便是七馬路，什麼時候變成了八馬路，那麼，七馬路是哪一條呢？

果然，不出我所料，他說：七馬路是肅街（Short Street）。肅街，是一條短短的老街，街上曾有過兩間學校，一間是「振群」（後來搬去亞歷山大路），另一間為「中華」。少年時代，我曾在「中華」補習過英文，常常在這裡進進出出，我們從來沒有把肅街叫過七馬路。我這一代人，如今都已是古稀之年，見面時舊情綿綿話當年，談起當年熟悉的密駝路，沒有人會說橋北路，維多利亞街，奎因街，滑鐵盧街，明古連街或布連拾街，而是以大馬路，二馬路，三馬

密駝路有 8 條馬路？

路，如此類推稱呼之。

可惜的是，如此通俗易叫的路名，現在已經很少人叫了。

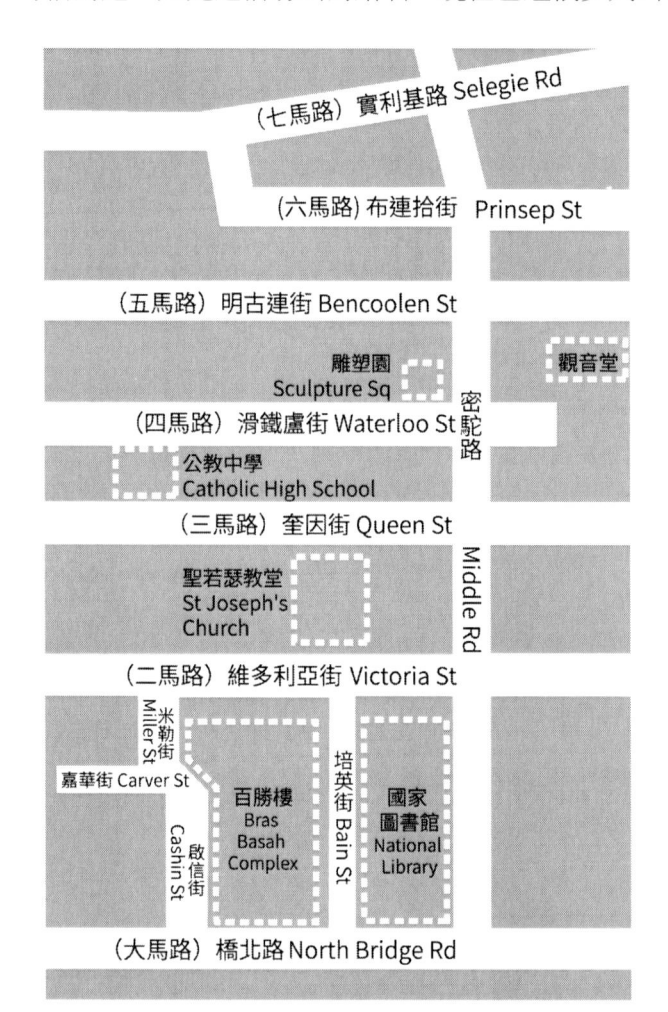

```
(七馬路) 實利基路 Selegie Rd
(六馬路) 布連拾街 Prinsep St
(五馬路) 明古連街 Bencoolen St
            雕塑園 Sculpture Sq        觀音堂
(四馬路) 滑鐵盧街 Waterloo St    密駝路
            公教中學 Catholic High School
(三馬路) 奎因街 Queen St
            聖若瑟教堂 St Joseph's Church        Middle Rd
(二馬路) 維多利亞街 Victoria St
    米勒街 Miller St
    嘉華街 Carver St    百勝樓 Bras Basah Complex    培英街 Bain St    國家圖書館 National Library
    啟信街 Cashin St
(大馬路) 橋北路 North Bridge Rd
```

150

當年密駝路的七條馬路,每一條都有一個路標型的老招牌,如大馬路有光華與奧迪安戲院,又有很多華文書店,二馬路有皇后酒樓、再發餐室和一間百年歷史的老教堂,皇后酒樓的斜對面是南大書店。三馬路有公教學校,一個很有鄉土味的海南小村落。四馬路有香火鼎盛的觀音堂,五馬路有南華分校,最叫我難忘的是轉角那間兩層樓的咖啡店,店名叫「重興園」,樓上是東英酒樓,童少年時代曾在這裡喝過不少喜宴。六馬路有車牌局,當年的腳踏車都要有車牌,車牌便是在六馬路的車牌局領取。六馬路也可聽到朗朗讀書聲,因為育四學校也在這裡。七馬路有著名的華人青年會,當年空前絕後的華文新聞班,便是在華人青年會上課。

本書作者在密駝路的路標皇后酒樓前留影(1980 年)

密駝路有 8 條馬路？

皇后酒樓的所在地是現在的國家圖書館

　　數來數去，密駝路就是由這七條路組成。我問了幾個在密駝路打滾幾十年的老街坊，他們都說：「密駝路哪來的八馬路？」

勿拉士峇沙路的俗名最多

　　說來好笑，一條勿拉士峇沙路（Bras Basah Road），有七八個俗名，什麼淫米路、新娘街、德國神龍、湯廣生、教堂街、書店街等。不過，每一個俗名，都是一個歷史，比如新娘街，因為在1950、1960年代，勿拉士峇沙路的婚紗店最多，碰到黃道吉日，整條勿拉士峇沙路喜氣洋洋，路上都是新娘車。十多年後，舊屋拆新樓起，婚紗店一間間搬遷，馬路上再也見不到新娘車了。那是勿拉士峇沙路的一個變遷，一段歷史。

　　先從新娘街說起。

　　那時候是50年代。勿拉士峇沙路靠近五馬路這個地段，一排六間店屋，便有四間是結婚禮服店。

　　所以，也有人把勿拉士峇沙路叫做新娘街。

　　「新娘街」不單單是有四間結婚禮服店，而且也做出租新娘車的生意。因此，只要是結婚的旺日，這裡便會出現一輛輛圍上紅色絲帶的新娘車，使得靠近五馬路一帶的勿拉士峇

勿拉士峇沙路的俗名最多

沙路,紅彩處處,喜氣洋洋。

勿拉士峇沙路的四間結婚禮服店是卓漢明、建章、新文明和蜜月。

當時,新加坡的結婚禮服店,好像只有這幾間。因此,不管辦喜事的人住在樟宜、後港、三巴旺還是更遠的郊區,都要到這裡來。

難怪,有時經過這幾家禮服店,看到店裡人擠人,生意好得不得了。

除了店裡熱鬧,勿拉士峇沙路也出現交通大擁擠,最後只好有勞警方出動,塞車問題才解決。

原來,遇到結婚旺日,從清晨4點半開始,新娘車便一輛接一輛,停在禮服店門口,等待禮服店的員工,為車子結上絲帶。這一來,一輛輛的新娘車便擋住了巴士車道,使得巴士無法開進車站,司機急得團團轉,只好猛按喇叭,一時之間,整條勿拉士峇沙路,到處都是震耳欲聾的喇叭聲。

新娘街還有一個俗名,叫書店街。

顧名思義,書店街是因為書店多才得名。

記得,當時的勿拉士峇沙路,在四馬路與五馬路之間的路段,有14間英文書店。其中四間專賣舊的英文書本,價錢相當便宜。

14間英文書店，老闆大多數是印度人。一般的營業時間，從早上7點到晚上8點。

勿拉士峇沙路所以會有那麼多的書店，原因是這裡有很多學校，這些學校有些又創辦夜學，為這些書店，帶來了不少生意。

由於書店的集中，要買英文書的人，都會想到勿拉士峇沙路有條書店街。於是，書店街名揚獅城，連新山的居民，也慕名而來。這14間書店，想要不賺錢都難了。

著名學者許雲樵，戰前常與郁達夫、張禮千、姚楠到這裡買舊書，最常光顧門牌66號的那家，也許賣舊書的利潤沒那麼好，這家書店後來不賣舊書了，改賣新課本、雜誌和文具，但他們還是照樣到勿拉士峇沙路，因為那年頭要買英文舊書，只有到勿拉士峇沙路才能找到。

1982年，14間英文書店，在面臨迫遷的情況下，12間結束營業，有些乾脆帶著一筆錢，回印度養老。只有2間搬到百勝樓去，其中一間後來改做書籍批發，不久也搬離百勝樓。

勿拉士峇沙路的俗名最多

1960年代的勿拉士峇沙路

於是，書店街在勿拉士峇沙路上消失了。

勿拉士峇沙路在更早的時候，也有人叫它為「溼米路」。

為什麼叫「溼米路」呢？原來開埠之初，勿拉士峇沙路有一條河濱，馬來人常把從船上運來被海水打溼的米，在河濱的岸上晒乾，因而得名。

勿拉士峇沙除了有「溼米路」的土名之外，上一代的福建人喜歡把這條路叫「德國神農」，因為德國神農藥房就在這條路上。

一位1950年代住在荷蘭村的朋友告訴我，那年十來歲，家裡有人哪裡不舒服，父親便叫他到德國神農買藥，德國神農的藥真神，一吃就見效。他那時也不懂勿拉士峇沙路，只知道這條路叫「德國神農」。

現在的勿拉士峇沙路,左邊是瑞士酒店史丹佛

快拆前的德國神農藥房（1986 年）

勿拉士峇沙路的俗名最多

「德國神農」後來搬去阿裕尼路（Aljunied Road），醫生姓韓，醫小童拉肚子最拿手。韓醫生 10 多年前也做古，「德國神農」不知道現在還在不在？

廣府人對勿拉士峇沙路的叫法又不同，他們有些人把勿拉士峇沙路叫做「湯廣生」。

為什麼叫「湯廣生」呢？

據一位前輩說，早期的勿拉士峇沙路，有一間非常出名的絨布縫紉用具店，店名叫「湯廣生」。

所以，叫不慣勿拉士峇沙路，又嫌「德國神農」或「淫米路」不易叫的人，便把這條路名叫「湯廣生」。其實，在新加坡，一條路名有幾個俗稱的例子很多，如今天的北京街（Pekin Street），早期有人叫「衣箱街」或「打鐵街」；中國街又叫「寶致祥」或「賭間口」。

談到勿拉士峇沙路，不能不提到印度囚犯。

話說 1825 年的勿拉士峇沙路，有一所監獄，那是專關印度囚犯的地方。

當時新加坡的交通設施還很落後，很多馬路還沒有開闢，河上也沒有通路的橋。殖民地政府便利用這些被判監 7 年到 14 年的印度囚犯來開馬路、建橋梁。

勿拉士峇沙路便是那個時候開闢的。在開闢勿拉士峇沙

路的同時,這些印度囚犯也開了一條通到後港和武吉知馬(Bukit Timah)的路。

現在的勿拉士峇沙路和美芝路交叉口,
右邊是日本占領時期死難人民紀念碑

除了築路,第一道橫跨新加坡河的橋、紅燈碼頭一帶的堤岸、新加坡領海的兩座燈塔以及聖安德烈教堂、中央醫院、福康寧山上的官邸等,都是印度囚犯建立起來的。

1930年代的新加坡,有兩間酒店非常出名,住的都是達官顯要;一間是目前尚在的萊佛士酒店,另一間是大南洋酒店。這間大南洋酒店坐落在勿拉士峇沙路,後來被英國人買去,改叫 Rex Hotel;日治時期被日軍徵用,改為軍官俱樂部。

勿拉士峇沙路的俗名最多

曾經風光過的亞美尼亞街

　　從前老一輩的新加坡人，知道亞美尼亞街（Armenian Street）的似乎不多，大家習慣上，都把它叫三馬路。

　　原因很簡單，三馬路一直往前走，過了勿拉士峇沙路，再過史丹佛路（Stamford Road）便是亞美尼亞街。三馬路與亞美尼亞街好像在同一條路上，即使知道那是另一條街，但亞美尼亞街的路名難叫，上一代的新加坡人，只好把它叫三馬路算了。

　　現在的新加坡，英語普遍，從前三馬路四馬路的叫法，已被淘汰，亞美尼亞街的路名，大家都會叫了。

　　為什麼會有亞美尼亞街的路名呢？

　　原來，19世紀這裡住了一些亞美尼亞人，1835年，他們還在亞美尼亞街附近，面對維多利亞街的地方，以亞美尼亞的名字，建了一個教堂，這個教堂現在還在，已經有一百多年的歷史。亞美尼亞街，便因此得名。

曾經風光過的亞美尼亞街

在亞美尼亞街時代的同德書報社

當年建亞美尼亞教堂,費用為 5,058.30 元。這筆經費,四分之一由住在加爾各答、爪哇和本地的歐洲人認捐,不敷之數由本地的 12 個亞美尼亞人的家庭負責。

亞美尼亞本來是蘇聯 11 個加盟共和國之一;蘇聯解體之後,它在 1991 年 9 月 23 日宣布脫離蘇聯,成為獨立的國家,改名為亞美尼亞共和國。

澳州人納迪亞‧頓特夫人,一生研究東方的亞美尼亞人,她在書上說,亞美尼亞人 1820 年從馬六甲來新加坡,他們很有生意頭腦,經營酒店業更是一流。

當時,這裡只有 16 個亞美尼亞人,他們設立貿易公司,生意做得不錯。後來還壟斷這裡的鴉片買賣。

昔日的同德書報社已變成今日的國家文物局辦事處

在亞美尼亞街的道南學校

曾經風光過的亞美尼亞街

亞洲文明博物館的前身是道南學校

亞美尼亞街街口的 MPH 書店（1987 年）

　　本地早期的亞美尼亞人，也是飯店業的開山鼻祖，比如 1950 年代非常出名的亞達菲酒店和現在還存在的萊佛士酒

店，當時便是亞美尼亞人創辦的。

亞美尼亞街雖然不長，但因為同德書報社也在這條街上，所以，當時的著名僑領、時代青年，都常常在這條街上出現，把時代氣息，抗戰壯志帶到這裡。

同德書報社是孫中山先生創辦的，孫先生在新加坡鼓吹革命時，當然也到過這條街。

戰前同德書報社辦過很多活動，吸引了不少年輕人參加；尤其是帶頭主辦文明婚禮，一對對新人在這裡喜洋洋締結白首，步入人生另一階段，也要走進這條不搶眼的老街。

1936年4月12日，新加坡第四與第五任總統黃金輝結婚，也是在亞美尼亞街的同德書報社舉行婚禮，那年他19歲，新娘許淑香18歲。一對新人，喜氣洋洋，在孫中山的肖像前結為夫妻。

曾經風光過的亞美尼亞街

現在的亞美尼亞街街口，MPH 書店已不復存在

與同德書報社相隔幾間店，是道南學校。

道南學校的朗朗讀書聲，為這條街帶來濃郁的文化氣息；還有與史丹佛路交界處的 MPH，是老招牌的英文書店，在這間書店出入的，有不少是社會名人或專家學者。

在城市重建發展計畫下，亞美尼亞街的一排舊店屋有些已經拆了，未拆的也已經人去樓空，留下歷盡滄桑的感覺。

另一座古老的建築物道南學校也擱置多年。這間老厝，一度傳說要變成兒童博物館，但最後卻成了亞洲文明博物館。國家文物局並按照道南學堂 1912 年落成時的校門圖樣，向美國訂製一道完全一樣的鐵門，使亞洲文明博物館，從外觀上看，就像 1912 年的道南學校。

今天的亞美尼亞街，15 號門牌的同德書報社，已經搬到廣東民路，昔日的「同德」，變成今天的國家文物局辦事處；同條街上的道南學校也搬遷了。1908 年建好，後來成為亞美尼亞街最搶眼的 MPH 大廈，聳立在亞美尼亞街路口，幾十年來執英文書業的牛耳，現在也沒有了。走進亞美尼亞街，時過境遷，舊景不再，看到的是新的面貌，新的人流，在另一個歷史長河裡，扮演新的時代角色。

曾經風光過的亞美尼亞街

桂蘭街一邊空了

桂蘭街,是我幾十年的老朋友。

童年時到鐵巴剎(Clyde Terrace Market)、白沙浮,常從這裡經過。

桂蘭街的全名叫陳桂蘭街(Tan Quee Lan Street),但很少聽人這樣叫過。廣府人大都叫桂蘭街,福建人則叫桂蘭巷。這條街又長又大,兩邊是三層樓的店屋,路上的車輛又多,明明是街不是巷,為什麼叫桂蘭巷?

桂蘭街也好,桂蘭巷也好,是為了紀念當時的一個福建殷商陳桂蘭而得名。

1950年代,我住在海南一街,常在早上,陪媽媽走進桂蘭街的一條小巷,小巷裡別有洞天,小販大聲叫賣,顧客討價還價,熱鬧得很。原來,桂蘭街的小巷,有個如此熱鬧的小菜市場。

桂蘭街一邊空了

1987 年的桂蘭街

1989 年的桂蘭街

　　一進小巷,便有走進菜市場的感覺。兩邊的地上,一攤接一攤,賣的都是豆芽、豆腐之類。有對老夫婦,海南的老家好像和我母親同一個村,又同樣姓嚴,我們一進小巷,第

一件事,便是和他們買蝦米、蒜頭等。

桂蘭街有兩個通到巴剎的小巷,一個在大馬路那端,一個在美芝路這邊,我跑較多的是靠近大馬路那端的小巷,一個星期不知進進出出多少回。

所以,對桂蘭街,一點都不陌生。

1990年,桂蘭街拆了,但只拆一邊,另一邊保留,重新裝修。被拆的那排店屋,走入了歷史,一了百了;保留下來的這排,像失去了做伴幾十年的親友,今後要在風雨歲月中,守著百歲高齡的桂蘭街。

1996年的桂蘭街

最近到桂蘭街跑一回,被拆掉的那排屋子沒發展,空地一塊,通往市場的那個小巷,還留下少許痕跡。我告訴自己,童年時代,我和母親就是從這條小巷,走進市場的。

桂蘭街一邊空了

1997年的桂蘭街

被拆掉的那排屋子,其中有一間是文化獎得主英培安的家,三十年前我到過,印象最深的是,屋子裡的書架又高又大,擺滿了書,整個牆壁,一片書海,愛書的我,心中讚佩不已。

從培安的家出來,走到桂蘭街的路口,面對大馬路的,是大新酒樓。那時孩子還小,曾帶他們去吃過點心。大新酒樓的對面,是中佛藥行,再往前走,便是連城街。

連城街還算幸運,兩邊的店屋沒有被拆,雖然經過美容手術,變成了漂亮的大姑娘,整條街披上豔麗的新裝,風姿綽約,但昔日連城街的鄉情,老街的滄桑美,永遠找不回了。

現在的桂蘭街另一邊正在建濱海市區地鐵線

記憶裡的桂蘭街,住的都是正當人家,和花街完全扯不上關係。但,很多老街掌故的書都說,早年的桂蘭街,是新加坡一條非常出名的花街,還說有個姓余的花花公子,常到這裡尋歡作樂。更誇張的是,每次到桂蘭街,都把街上的娼寮包下,不准別人來銷魂,所有的娼寮門口,要掛一個寫上余字的大紅燈籠。

百年前的桂蘭街,也許真的是條花街。但是不是有余大公子這樣的人,就當聽故事那樣聽吧。

桂蘭街一邊空了

喜見連城街還有中文路牌

　　小坡有多條百年以上的歷史老街，以 20 世紀中葉潮籍大富商佘連城的名字命名的連城街（Liang Seah Street），便是其中的一條。

　　佘連城 1850 年在新加坡出生，父親是 19 世紀的甘密王佘有進。佘連城有四兄弟，他排行老二，四兄弟中，以他最出名。1883 年被委為海峽殖民地的永久立法議員，也是華人中，被委為永久立法議員的第一人。1885 年被封為太平局紳。

　　最近和幾個老同事到連城街吃飯，無意中發現大馬路這邊的街口，牆壁上還有連城街的中文路牌，一片驚喜，湧上心頭。路牌雖小，但有總比沒有好。新加坡的中文路牌，很多都被淘汰了，大坡還有一些，小坡幾乎找不到了，但願連城街這塊陳舊的路牌，能一直留在牆壁上。

　　記得幾年前到過一次連城街，那次很開心，看到老字號的四泰餅家，還在街上。

喜見連城街還有中文路牌

30 多年前的連城街街口

現在的連城街街口

左邊的海天旅店已拆掉重建

　　從前這條街有幾間潮州傳統糕餅店，現在只剩下四泰餅家。我進去買幾盒潮州月餅，八十多歲的老闆許兩逢說：「從前這裡的店屋，受到屋租統制法令的保護，房租便宜，生意容易做。從2001年起，屋租統制法令被廢除，房租大起，那些擔心屋房太貴，生意難頂的店主，加上年紀都大了，年輕一代又不願接棒，只好結束營業走了，連城街又少了許多老街坊。四泰餅家能做多久，誰也不知道，只好做一天算一天了。」

　　現在，有幾十年歷史的四泰餅家，也在連城街消失了，問隔壁店的老闆，原來它已搬到美芝路。

　　童年時代，有一年新加坡慶祝英女皇登基，燈火輝煌的

喜見連城街還有中文路牌

　　花車從美芝路經過,那時連城街有兩間旅店面對美芝路,一間叫「海天」,一間叫「真真」,父親和「真真」的老闆很熟,便安排我們在「真真」的窗口看花車。幾十年前的舊事,記憶猶新。現在,「真真」和「海天」也不在了。

　　連城街門牌 31 號和 33 號的新生印務公司,老闆是海南名人黃勝白,從前我曾在這裡印過社團的刊物,每次走進連城街,在小巷的旁邊,總看到新生印務公司的大招牌。那天經過新生印務的門口,懷舊的心情油然而生,不知為什麼,忽然想起了唐朝詩人崔護的一首古詩:「人面不知何處去,桃花依舊笑春風」。新生印務公司,已變成了一間摩登的西餐店。

　　還有,連城街的咖啡店,在我的記憶裡,有八九間之多。現在,還剩下的只有橋北路轉角的東城餐室,其他的如同珍、中美、美和、南天、大亞、藝芳、金城與錦珍等都先後消失了。

　　連城街,這位一百多歲,曾經滿臉風霜過的老人,經過美容,穿上各種耀眼的新潮時裝後,變成了一個光豔照人的少女。但,這不是我要看的連城街。

連城街的球友

想起連城街,就想起連城街的一群球友。

年輕時,我幾乎每晚都在密駝路聯繫所打籃球,我的很多球友,都是住在連城街。

連城街的後面是密駝路聯繫所。幾年前一個經營旅行社的朋友打電話到報館給我,自我介紹地說:「我住在連城街,我家的後門對著你家後門,中間隔著一個密駝路聯繫所,有三個球場,我常常看你打籃球。」

190年代的連城街

連城街的球友

連城街的球友，1960 年到吉隆坡遠征

又是連城街，又是打籃球，一下子把我們的關係拉近了。就這樣，我們成了朋友。但我當年常到連城街訪友，似乎沒有見過他。

我在連城街的球友，最熟的是潘家幾兄弟。我的一個姪兒，認潘家的母親做乾媽，在 1950、1960 年代，我們兩家時有往來。

密駝路聯繫所也叫鞦韆園（因為園裡有幾個兒童玩的鞦韆），飯後涼風習習，許多街坊都喜歡到鞦韆園納涼聊天，我的母親和潘家的母親，也常常在鞦韆園話家常。

後來連城街被商家青睞，整條街大興土木，破舊立新，兩排的舊店屋，披上時髦的新裝，變成了吃喝玩樂的好去

處，潘家也在這時候搬出了連城街。老大潘正廷移民冰島，娶了個碧眼金髮的冰島老婆；老二正盛到丹麥發展。兄弟二人每年都回來探望老母一次。每次回來，我們這班老友都有相聚，大家都說，今天的連城街，商潮氾濫，處處時髦，已不是當年那個充滿鄉情的連城街了。

有一年我們組織一個籃球隊，隊名叫中原，搭火車到昔加末（Segamat）和吉隆坡比賽，住在當地的海南會館裡。大家相聚話舊，特別開心，可惜那次一起遠征的隊友，有兩個已經不在了。

現在的連城街商機無窮，活力四射

潘家以前住在連城街的咖啡店樓上，咖啡店已變成了餐廳；隔壁的洗衣店，也變成美食店，連門牌號碼都改了。

連城街的球友

　　幾個在鐵巴剎賣魚的球友，也住在連城街。早上天未亮，便拿了球到聯繫所的球場練習。連城街起了天翻地覆的大變化，這幾位和我一起參加過鐵巴剎魚業籃球隊，有一年參加籃總杯得到第四名，還一起到新山福建會館，北干那那（Pekan Nanas）、笨珍（Pontian）打過籃球的球友，也早已離開了連城街。

　　還有一個叫阿陸的球友，愛球如命，婚後搬到郊區，也失去了聯繫，聽說現在還在開計程車。

　　最近到連城街探尋舊跡，重晤百年的歷史老街，感到既熟悉又陌生。連城街的店屋，雖濃妝豔抹，但舊輪廓還在。走在街上，老朋友都看不到了，看到的是一張張陌生的面孔，一間間又是韓國，又是日本的料理店，不少新移民，也在這裡開店打拚。連城街，再也聽不到以前的鄉音。我不禁問自己，這就是我的老朋友連城街嗎？

何羅衛巷不該叫巷

對何羅衛巷（Holloway Lane），有很多回憶。

早期的何羅衛巷，有一個鐵廠，也叫小坡鐵廠後街。一直搞不清楚，何羅衛巷明明是一條街，為什麼叫巷？在還沒有百勝樓時，它和培英街、啟信街並排在一起，附近還有一條叫嘉華街的小巷，明明是一條不搶眼的小巷，大家都叫街，何羅衛「街」卻被稱作巷，似乎矮了一截，真是想不通。

何羅衛巷是一條海南社團最多的老街，少年時代常在這裡走動，那些社團的名字依稀還記得一些，瓊崖李氏公會、林氏公會、鄭氏公會、邢氏公會、何氏公會、南梅同鄉會、互濟社、韓氏祠、存信同鄉會、北城行等都在這條街上。還有一間周氏公會，早期也在何羅衛巷，後來四度搬家，現在的會址在樟宜。

由於鄉團多，街上的長發興與華珍兩家咖啡店，進進出出喝茶水的人也多，生意特別好。可以說，那個年頭的何羅衛巷，名雖為巷，但比附近的一些街熱鬧。

何羅衛巷不該叫巷

1950年代初，快樂世界體育館舉行南大杯籃球賽，臺灣派克難隊前來參加。我們一般支持克難隊的球迷，便是集中在門牌18號的互濟社出發。那時的互濟社，是個支持臺灣的社團，社裡掛孫中山、蔣中正與當時的國民政府席林森的照片，門口的那塊招牌，藍底白字，一看便知道是親臺灣的團體。

往事如煙，一晃幾十年，每次想起何羅衛巷，總會想起互濟社，想起禮堂牆壁上，掛著的那張孫中山穿著海陸軍元帥裝，滿臉英姿勃發的照片。

那年頭，好多次到何羅衛巷補牙，記得那家牙科診所是一位黃先生所開，診所的兩名牙醫是兄弟，哥哥身材高大，講話斯斯文文，有讀書人的作風，弟弟比較矮胖，也很健談。牙科診所的對面有條小巷，小巷旁邊是大華書店，書店賣的書不多，文具倒很齊全。童年我在啟發學校讀書，做手工用的雕刻刀和小鋸子，後來學毛筆字，文房四寶都到大華書店買。書店老闆那時已五十多歲，講話輕聲細語，到現在還記得他的樣子。

小坡國家圖書館未建時，曾和小兒子到百勝樓，在培英街的街口拍何羅衛巷的路牌。巷雖早已不在，但路牌還掛著。兒子沒經過那個年代，對老街老巷沒有感情，但我對何羅衛巷，幾十年後，還是此情永不變。

1950年代的何羅衛巷

早年面對維多利亞街的何羅衛巷

何羅衛巷不該叫巷

海南一街,怎麼啦?

　　每次看到政府宣布,某些老店屋將被保留,不讓老街魅力成為歷史的訊息,我總會想起海南一街(Middle Road),心裡總會問一句:「海南一街,怎麼啦?妳也有老街的魅力,為什麼妳一邊的老屋被拆了?為什麼妳老街的魅力沒有被保留下來?」

　　1996年,新加坡主辦一項國際性的會議,各國貴賓將從海南一街經過,到填海而蓋的濱海城開會。為了為客人留下美好的印象,於是,把海南一街一邊的店屋拆掉,將馬路加寬,再種些花草,迎風招展,歡迎遠地來的朋友。現在,二十多年過去了,被拆掉的屋子,空地上沒有發展,只有幾棵小樹,從早到晚與老街相伴。真不明白,當初為什麼要拆毀海南一街的店屋,搞到很多人哭紅眼睛離開?

海南一街,怎麼啦?

海南一街右邊的小巷,晚上是小吃的天堂

1990年的密駝路,前面是海南一街

　　海南一街,怎麼啦?為什麼今天變得那麼死氣沉沉?我的童少年時代,這條街最有朝氣,前面的美芝路,有曼舞羅與新娛樂戲院,戲散場時,人潮都從這條街走過。我父親的店便在海南一街,人如流水車如龍的畫面,我看了二十多年。

1990 年的海南一街

海南一街的熱鬧，十多年前，已走進了歷史。

1995 年 10 月 28 日，老街還有幾天就要拆了，我在小巷搞了一個惜別會，街坊一個個都來參加，大家都說，這裡才是他們的根，他們最快樂的日子，都在這條街上。想到幾天後就要搬了，個個眼睛都紅了起來。

原本希望，每年找一天把這些街坊請回來，在海南會館聚一聚，但想歸想，到今天都沒有做到。

海南一街，最繁華的年代，我家後面的小巷，排滿了一張張圓形的大桌子，每個晚上來吃火鍋的人群，來往不息。兩家以賣火鍋出名的大排檔，一家叫端記，一家叫樂安。小巷裡還有咖啡攤、豬肉粥攤、吃角子機等。我的籃球隊隊友老莫，開了一個沙嗲攤，生意很好。小巷的熱鬧還在時，他

海南一街,怎麼啦?

年紀輕輕,便離開了這個世界。

今天的海南一街,我家對面的舊店屋,十年前也拆了,但拆後有發展,蓋了新的樓房,幾座大廈,又高又大,有旅館,有學校,還有新移民開的餐廳,但已失去昔日的鄉村精神。

海南一街,是我心裡永遠的家。我的童少年時代,都在這裡度過。我的父親,1966年12月18日,也是終老在這塊芬芳的土地上。

老街是歷史,也是情感區,舊店屋被拆,便是把歷史拆掉。拆後沒有發展,更叫人想不通。

現在的密駝路,左邊是酒店,右邊是圖書館

密駝路變化之大叫人眼花撩亂

我們不是說,要讓年輕一代,多認識我們的歷史嗎?

救救老街,保留歷史。老街和百年老樹一樣,是無價之寶。海南一街魅力不再,但它的一草一木,將永遠留在我的記憶裡。

大兒子德天,知道我很懷舊,在店屋未拆之前,帶著相機,到他祖父的店裡,樓上樓下拍了幾張照片,這幾張照片,已成了我的無價之寶。

海南一街,怎麼啦?

海南人的匯兌街

巴米士街（Purvis Street）是海南二街，也叫匯兌街。

1940、1950年代，街上的匯莊，開了一家又一家：南方、南同利、四寶文、豐盛、富裕、三盛、長安、和記、南興昌、泰南隆、普天與恆成等等，有些還是隔壁，人家都說同行如敵國，但這裡的同行，看來都和和氣氣，沒有敵國的感覺。

在那個年代，各籍貫的人，都有他們的匯莊，替南來謀生的移民，匯錢回家給親人，如大坡吉寧街街口的大中局，老闆是福建漳州人蔡木豆，福建同鄉很多都從這裡匯款回家鄉。當年匯兌業強人林樹彥，他的匯莊叫僑通行，在源順街，同一條街上，還有一間叫天一局的，生意也做得很好，都是福建人的匯莊。

匯兌業是那個時代的產物，它應時而生，應時而廣受歡迎。廣府人、客家人、潮州人等，在他們集聚的大小坡一帶，都有自己同鄉開的匯莊。但，一條街像海南二街那樣，

海南人的匯兌街

有那麼多的匯莊,成為名符其實的匯兌街,在新加坡恐怕找不到第二個。

匯兌業從 20 世紀初期開始出現,到 1949 年後一步步消失。海南二街的匯莊也一樣,1950 年代初期最旺盛,一條街有十多家,60 年代開始江河日下,接著是油盡燈枯,像春蠶吐絲,自然地消失。

2008 年 5 月 25 日,帶一群同鄉會的會員到海南二街尋根,還看到「三盛」的招牌,留在快要成為斷壁殘垣的破牆上。只是兩年的時間,最近從海南二街經過,「三盛」那塊飽含滄桑味的招牌,已被敲掉了。這是海南二街匯兌業最後的一塊招牌,海南二街的匯莊,從此完全走進歷史,連匯莊的一點痕跡也找不到了。

2008 年 5 月,本書作者帶宗鄉會的會員遊海南四條街

匯兌業被淘汰，主要的原因之一是，190年代，很多新加坡的華人，拿到這裡的公民權，新加坡已是他的家園，於是紛紛把家鄉的妻兒接來團聚，在這裡落地生根，應時而生的匯兌業，時過境遷，好景不再，也被時代淹沒了。

　　但懷舊的海南人，還把海南二街叫匯莊街。

　　海南二街有段時間頻頻上報，有人建議把它改成行人徒步區，有人認為行人徒步區不行，還是維持原貌，讓車輛照舊進進出出的好。

作者與本地老作家莫河攝於海南二街（2008年）

海南人的匯兌街

看到很多人在談海南二街,這條老街的舊情舊景,驀然又出現在腦海裡。

海南人的三條街,一街(密駝路一小段)的一邊早已拆除,另一邊蓋了新樓;三街(佘街)的一邊,命運也一樣,那些情深意長的老店屋早就不見了。只有海南二街,兩邊的店屋還在,雖然披上新裝,老街的味道不再,昔日的一個個老招牌也已消失,但大部分的店屋還算保留了下來。

海南二街叫匯兌街,但咖啡店也有好幾家,最早的有南華、美芳、南珍、寰宇等。寰宇原叫怡泰,有個時期,最喜歡到這裡吃白斬雞,雞好飯香,價錢公道,姓林的老闆夫婦又彬彬有禮,很有人脈。寰宇十多年前走入歷史,街上的傳統咖啡店,也早消失了。

好幾次,夢到賣西餐的美珍飯店。美珍是在海南二街轉角的樓上,樓下是萬安堂藥材店,萬安堂的騎樓有個補鞋匠,還有一個老人家,祖孫三代每個早上在馬路旁賣涼粉。一覺醒來,想起美珍的門口,豎立一個大大的廣告牌,上面是一個印度司閽(守門人)的照片,指著美珍的門口,請顧客登樓,口裡似乎在說:「歡迎光臨美珍!」這位包頭阿三,最開心的是,看到有車的食客來美珍吃飯,特別眼明手快,立刻走上前去,幫人找車位或開車門,功夫做完,便有打賞。

那天陪從美國回來的克隆兄,路過海南二街,走到一家

新開的飯店門口,他忽然停下腳步,遊思浮想,我知道,77歲的老馮,又在想起他從前的家了。果然,他說,這間店門牌 7 號,從前是裕和雜貨店,是我父親和伯父開的,我們和表兄弟兩家人住在樓上,一住住了幾十年。

今天的海南二街

　　每次從美國回來,克隆兄一定要到海南二街走走,看看他從前住過的地方。也想用相機,拍幾張匯莊的照片,回美國告訴朋友,這是新加坡海南人的匯兌街,但匯莊一間間經過改頭換面後,已變成跟著潮流走的美食店,還拍什麼?

海南人的匯兌街

海南三街的「渴就來」

每次經過海南三街,常常想起「渴就來」。

海南三街是佘街(Seah Street),「渴就來」是佘街街口,一個冰水攤的招牌。

「渴就來」賣的涼粉椰漿最出名,一碗2毛錢。還有圓圓的冰球,淋上各種顏色的糖水,一粒一角錢,小孩子最喜歡。「渴就來」的紅豆冰,用紅豆與珍律(一種深綠色的粉條餡料)作餡,也很好賣。因為地點好,一出街口,便是橋北路(對面是現在的百勝樓),光華和奧迪安戲院就在附近,戲一散場,「渴就來」的生意就來了。

幾十年過去了,滄海桑田,海南三街有了天翻地覆的變化,「渴就來」三個字,還深深地留在我的腦海裡,有時與海南三街的街坊聊天,一定想起「渴就來」,大家有共同的回憶,第一個回憶便是「渴就來」。街坊都說,渴了當然要喝水,尤其大熱天,口渴喝冰水最舒服。冰水攤就用「渴就來」作招牌,真是神來之筆,恰當不過。

海南三街的「渴就來」

「渴就來」是幾個同鄉合夥的生意，其中一個老闆姓馮，個子高瘦，那時大概已經60開外。馮先生會講幾句淺白的華語，有時我們跟他講海南話，他卻喜歡用華語回答。當時還沒有「華人講華語」運動，這個冰水攤老闆，已自動自發先講華語，可說是講華語運動的先驅。

問他為什麼用「渴就來」作冰水攤的招牌？他說他們讀書不多，想來想去，想到了「渴就來」，意思人人都懂，又容易記。

曾經風光過的「渴就來」，1970年代走進歷史，馮老闆賣了幾十年的冰水，結束了「渴就來」的生意，也在這個時候退休。

1980年代，津津咖啡店尚未搬到海南二街，常走進去喝杯咖啡。那時的海南三街，舊的面貌已經被時代的腳步吞沒，只有走進津津咖啡店，喝一杯咖啡烏或茶稀（用鮮奶泡的西洋茶），坐在古老的雲石圓桌旁，看看那些陳舊的陳設，或和老闆阿寶哥講幾句家鄉話，感覺到時光倒流，海南三街回到了1950年代。現在，往事只能回味。

海南三街朝橋北路的轉角，左邊是大華影室，右邊為霸打鞋店。「渴就來」就在「霸打」的旁邊。

大華影室後面的一塊空地上，住著一個錫克人。他的幾個孩子很有語言天分，會說海南、福建、潮州、廣府等方言

和華語。已故的諧劇演員哈密邦童年時代也住在這裡，大家童年的笑聲，飄蕩在每一個街坊的記憶裡。哈密邦去世時，海南三街不少童伴，談起這位光華戲院後面的異族老友時，都忍不住掉了眼淚。

霸打鞋店側面的騎樓有個側門通到樓上，門口內有間叫東昇的小店，賣的是茶葉和咖啡粉。店面雖然小，但光顧的街坊可不少。五腳基前面的路旁，有一整排小販攤位，最前面的一個攤位叫「渴就來」，其他的攤位有賣牛肉麵的、海南飯菜的等等。

海南三街，最出名的是醒華學校。

「醒華」沒有運動場，當時，我住在海南一街，常常看到「醒華」的學生，一群群到我家後面的一個草場做體操。

1986 年的海南三街

海南三街的「渴就來」

1970年代，政府組屋在島國各地如雨後春筍般出現，市區的人口越來越少了，「醒華」的學生也跟著大減。最後，董事部不得不把學校結束。

醒華學校左鄰是湧泉咖啡店，右邊為新合盛同鄉會。

新合盛同鄉會是海南籍海員的一間公司樓（福建人叫估俚間），那時的海員，家眷大多數在家鄉，他們孤身寡人在外謀生，在沒有航海的日子裡，便以「新合盛」為家，晚上就睡在「新合盛」的樓上。

現在的海南三街，右邊是萊佛士酒店

美芝路這端的海南三街街景,盡頭是百勝樓。(1980 年)

1988 年「新合盛」108 個會員,獲得一筆賣屋的費用,正式結束了這間戰前便成立的行船館,新合盛同鄉會從此在人生舞臺劃上了休止符。那副吸引過不少人的桃園三結義的水印畫像,據說也焚化後送上天了。

1950、1960 年代的海南三街,像新合盛同鄉會這樣的行船館或公司樓很多,70 年代大多數還存在,但住在公司樓裡的人數已漸少,步入 80 年代,很多公司樓已名存實亡,有些連招牌都拆了。

海南三街的「渴就來」

回憶海口街

　　那晚在同鄉會「講古」，講題是〈海南街與海口街〉。

　　海南街很多人都知道，海口街知道的人便不多。我年輕時代住在海南一街，海口街便在海南一街的對面。為什麼叫海口街？因為戰前很多海南先輩從海南島的海口搭船來新加坡，都是從這裡上岸，海口街便因此得名。

　　我童年時代的海口街，白天是鄭古悅巴士車場。車廠的一些工友，下班後常常到附近的華僑俱樂部打牌娛樂；晚上，這條街可熱鬧了。街的兩排，擺滿一攤攤馬來人經營的沙嗲攤位，當年先後出任過首席部長的馬紹爾與林有福，也曾光顧這些沙嗲攤，和一般百姓一樣，坐在長凳上，無拘無束，品嘗香醇可口的馬來沙嗲。

　　那時的沙嗲小販，燒幾支沙嗲賣給顧客，沒有事先算好，等到要收錢時，常常鬧出許多笑話。有一次，父親帶我來這裡吃沙嗲，我吃一支丟一支，自己也不知道吃了多少支，等到吃完要付錢時，大家都傷腦筋了。父親說：「你怎麼

回憶海口街

把那串沙嗲的木枝丟掉呢?人家是憑木枝算錢的啊!」

我也不知道該怎麼辦才好。看著滿地的木枝,肯定有一些不是我吃的,如果把這些木枝也算到我的帳上,那可多冤枉。幸好,那位沙嗲小販常常在海口街看到我,又原諒我是小孩子,於是,臉帶笑容地對父親說:「算 10 支的錢好了。」

父親認為他算得太少,不肯讓他吃虧,堅持要付 20 支的錢。就這樣,大家在輕輕鬆鬆的氣氛下,解決了問題。

後來,海口街的沙嗲小販進步了————每次烤沙嗲給顧客,都先算好多少支,算帳時只要把桌上剩下的沙爹算一算,誰都錯不了。

那晚在講座上,我把這段童年糗事講出來,全場爆出笑聲。

海口街的斜對面是海南二街

海口街的盡頭是海，有個渡口，兩塊破舊的木板，斜斜地延伸到海裡，方便舢板從深海的大船，載人到這裡上岸。住在附近的居民，有些在外島工作的，也在渡口搭舢板到外海改搭大船。那兩塊延伸到海裡的木板，留下我很多童年時代的腳印，好多個夕陽西下的黃昏，我和幾個同伴，在木板上面看海水，聽濤聲，意猶未盡，再步行到紅燈碼頭，喝杯印度茶才回家。海口街的一景一物，幾十年過去了，還牢牢記在我的腦海裡。

　　烈日高照，海口街的渡口，常常有一群孩子在游泳，海裡時時有髒物浮現，又不安全，渡口的海警，見海裡有人游泳，都大聲呼喊，叫他們上來，但光靠喊叫，治標不治本，最後想出了一個「狠招」，把孩子的衣褲收起來，他們游泳後，上岸找不到衣服，只好光著身體，狼狽不堪地走回家，從此不敢再到海口街的渡口游泳了。

　　海口街的斜對面，是瓊州會館（現在的海南會館），從前這一帶，人稱海南公司，海南一街、二街和三街都在這裡。現在，海口街早已不見了，但年長的海南人，都應該記得海口街，從前他們的先輩從海南島南來，便是在海口街的渡口上岸。

回憶海口街

亞峇街的變化最大

多年來，穿街走巷，探訪大小坡不少老街，其中有幾條的變化最大，面目全非。亞峇街是其中之一。

亞峇街（Albert Street）在小坡，是紀念前英女王維多利亞的丈夫亞峇親王（Prince Albert）而得名。

亞峇街很長，隔壁是梧槽路（Rochor Road），從二馬路（Victoria Street）通到七馬路（Selegie Road），穿過奎因街（Queen Street）等五條馬路，都屬亞峇街。

那時麥肯西路（MacKenzie Road）有個電車公司的車廠與亞峇街只隔一條馬路，所以亞峇街的居民，很多是電車公司的司機或剪票員。亞峇街有一個清理糞桶的地方，有些倒糞工人，也住在這條街。可見當年的亞峇街，住的多是手停口停（意指不工作就沒飯吃）的勞動工人。要找題材拍電影，這裡應該多的是。

昔日的亞峇街，是新加坡出名的夜市之一，路邊的食攤，一攤接一攤，晚上食客三五成群光臨，有的乘三輪車而

亞峇街的變化最大

來,有的搭計程車到達,有的是旅行車載來。整條街上,人多車多,地上跑的老鼠和貓也多,但亞峇街的人潮,不被老鼠和貓嚇跑,食客還是川流不息。亞峇街二馬路的這端,是白沙浮,水果攤最多,人潮湧躍買水果,亞峇街和白沙浮更是一片人山人海。那年頭,在報社跑新聞,我也曾是亞峇街的常客。這裡的煮炒,確是名不虛傳,尤其是一間叫詠觴菜館的老招牌,生意特別好。

1934年的亞峇街

1980年代,路邊的攤販搬遷後,熱鬧的亞峇街,晚上不見人潮了,舊景走進歷史,幾年後新的亞峇街出現,帶來新的風貌和新的生機。

那天到奎因街辦年貨,順便從街頭到街尾,跑了一回亞峇街。

舊的亞峇街,鱗次櫛比的老屋不見了;龍蛇混雜,私會

黨活躍的環境也消失無蹤。那個給倒糞工人洗糞桶的地方也消失了。1980年代，有百年歷史的順天宮，也從馬拉峇街（白沙浮）搬來亞峇街，每次走進亞峇街，看到三層樓高的順天宮，都被它門口掛著的那塊恢宏招牌所吸引，招牌上寫著順天宮三個大字，旁邊還有「路班讓」三個字。

新的亞峇街，這些舊景都看不到了，觸目所及，處處是高大的建築物，一邊是設計獨具匠心，氣勢恢宏的藝術學校，另一邊是森林電器中心、金城汽車零件中心、雅柏商業中心、福祿壽大廈等，還有一些高樓在建築。

現在的亞峇街，右邊是氣勢恢宏的藝術學校，
前方是電腦與電器中心森林廣場

走到七馬路那端，看到兩排小酒店，兩、三層樓高，酒店之間，有個小花園，中間擺一兩張小圓桌，供外國旅客小憩或喝啤酒聊天，整個環境，有濃郁的異國情調。

亞峇街的變化最大

家在史德林路

一生中搬過3次家,第2次住在史德林路(Stirling Road),住了15年,才搬來現在的金文泰(Clementi)。老伴昨晚做夢,夢到回去史德林路的老家,見到好幾個鄰居,大家別來無恙,談了好一陣子,好開心。說巧不巧,隔天懷舊的大兒子,開車來載我二老到史德林路的市場吃早餐,順便載我們到大牌171的老家兜了一圈,在樓下抬頭看看我們住的6樓。

作者當年住在史德林大牌 171 號

家在史德林路

現在的印度學校

離開史德林路 20 多年，搬家那天，偷偷地掉了很多眼淚。再度回去，舊情舊景已不在。以前每次下班回家經過的咖啡店，變成職總平價超市。那間熟悉的印務公司，現在是一間餐廳。大牌 171 的樓下，以前的雜貨店、水果店、理髮店等，都改成了私人學校，只有轉角的藥房還在。感今懷昔，史德林路當年的一景一物，又在腦海裡跳躍。

住在史德林路時，最熟悉的那座市場，對面是美玲路（Mei Ling Street），美景中小學就在路旁，3 個孩子都在美景小學讀書，如今已變成印度人的學校。站在學校門口往內看，那個禮堂還在，老二 7 歲那年，還在禮堂的舞臺上唱〈童年〉，如今已快到中年，30 年的時光，真如白駒過隙。

一生當中，最快樂的時光是在史德林路。那時 3 個孩子都小，自己一人工作賺錢養家，薪水又少，但下班回家，老

伴和孩子都在家裡,熱熱鬧鬧,心裡很溫馨,有家的感覺。

　　從裕廊搬來史德林路時,這裡還沒有正式的市場,小販在路邊賣魚賣肉,不久市場建好,最懷念的是,市場裡的那個蝦麵攤。賣蝦麵的是一對夫婦,丈夫 30 來歲,在熱燙燙的攤位前賣麵,身材高大的太太,在旁邊一面剝蝦殼,一面收錢。常吃蝦麵的鄰居說,這攤蝦麵的湯,是用大量的豬骨和蝦殼熬出來的,所以湯濃味香,一吃便知。一碗賣一塊或一塊半,值得一吃。我們一家人都是蝦麵攤的長期顧客,後來搬了家,還是常常回去吃。退休後不再開車,有段時期沒到史德林路市場,有一次和孩子回去,蝦面的攤位已空著,看樣子好像很久沒做生意了,後來才知道,賣麵的夫妻,已先後離開了這個世界。

當年的大牌 174 現在是一片空地

蝦麵攤隔壁賣的是油滑河粉,老闆是太極拳高手,好幾次在聯繫所的舞臺上,看到他表演太極,有陣子還開班教學生,我也跟他學過一段時間。再回去市場,看到攤位裡有名白髮的長者在忙碌,看來是教過我太極拳那名老師傅,因為是繁忙時間,看他忙得團團轉,沒有上前打招呼。

3個兒子讀書的幼稚園在大牌174,轉角是家咖啡店,從前常在這裡喝杯咖啡等孩子放學,幼稚園旁邊的空地,開過兒童跆拳班,也辦過中秋晚會,如今,大牌174前後的組屋都拆了。花落水流無奈也,重溫往事,只有在已經發黃的舊照片裡去找了。

羅敏申路是報館街

　　1950 年代的羅敏申路（Robinson Road），有人把它叫「艦隊街」。因為英國有條艦隊街，報館林立。有人開玩笑說，只要往馬路上丟一粒小石頭，都會打中一個記者。50 年代的羅敏申路也有「艦隊街」的叫法。

　　後來，報館倒的倒，搬遷的搬遷，報館的舊址，都變成了銀行與金融公司。人們又把羅敏申路叫著金融街。

　　最近和老報人加昌兄吃飯敘舊，我們談起當年的羅敏申路，在感情上，還是喜歡把它稱為報館街。

　　加昌兄在 1950 年代入行，先是在《中興日報》當記者，後來在泛亞社兼職。《中興日報》和泛亞社，都是在羅敏申路。

　　他說：「泛亞社在羅敏申路 90 號二樓，樓下是遠東咖啡店。當時很多同行天天在這間咖啡店碰頭，遠東咖啡店就像記者茶室一樣。」

羅敏申路是報館街

1957年剛建好的南洋商報,斜對面便是星洲日報

　　當時華文報兩大對頭《星洲日報》與《南洋商報》,在羅敏申路遙遙相對,《星洲》與《南洋》雖然勢不兩立,但兩家報館的記者,天天在遠東咖啡店交換消息,誰都不用擔心漏新聞,遭到上司譴責。

　　但,有時候同行之間心照不宣,防來防去還是免不了的。兩家報館守夜的記者,晚上誰都不敢先下班,必須等到大家都熄燈,說明記者都已經下班,才敢離開工作職位。有一次,兩家報館等一個大新聞,不知是「星洲」還是「南洋」,為了要獨家得到這個新聞,於是想出一個妙計,把報館的燈都熄了,對方以為對手已經放棄等新聞,大家都下了班,自己這邊也熄了燈,下班去也。孰知人家熄燈是個圈套,你下班後他回來等新聞,第二天人家有獨家新聞你沒有,只好自嘆倒楣。

羅敏申路除了《星洲》與《南洋》之外，還有臺灣支持的《中興日報》。《中興》經營了幾年結束之後，社址先後為《星馬日報》與《新力報》租用。邵氏公司的《娛樂報》，陸炳霖主編的《七彩報》，陳振亞的《華聲報》以及蔡繼鍔與彭松濤的《石叻報》也都在羅敏申路。

陳伯萍的《國際時報》，是最後一份在羅敏申路出版的華文報。繼鍔兄當時曾以「最後一滴血」和伯萍兄開玩笑，意即《國際時報》如果有一天停辦，羅敏申路的「報館街」時代就結束了。他講這句話時，我也在場。

1950年代《星洲日報》報館

除了華文報館之外，各語文報章如《海峽時報》、《自由西報》與《馬來前鋒報》等，也設在羅敏申路附近。

羅敏申路是報館街

羅敏申路除了報館多，通訊社也多，路透社、中央社、合眾社、美聯社等，社址都在這條報館街。也許，這便是羅敏申路成為報館街的原因之一。

羅敏申路兩旁已是高樓林立

芽籠 14 巷的讀書聲

　　1950 年代到芽籠（Geylang）的快樂世界看戲，經過 14 巷，常常聽到朗朗的讀書聲。

　　芽籠 14 巷（Geylang Lorong 14），那時有一間學校，叫快樂學校，讀書聲便是從這間學校傳出來的。

　　快樂學校是 1946 年創辦的，到 1979 年結束，創辦人是幾個舞女。

　　在中國的教育史上，舞女辦學校，也只有這一回，可說是空前絕前。

　　學校為什麼取名「快樂」兩個字？原來，這幾位辦校的舞女，當時在快樂世界伴舞，看到戰後很多孩子失學，每天赤著腳，在馬路上亂跑，到處打架鬧事。有些還變成了小流氓，這些好心的舞女，擔心孩子會越變越壞，便找快樂世界的老闆李玉榮商量，請他在經濟上支持，由她們來辦一間學校，讓那些孩子讀書，不收學費，連課本也是學校提供。

　　李玉榮點頭答應。於是，便在芽籠 14 巷找到地方，開始

芽籠 14 巷的讀書聲

時校舍是門牌 24 號,後來學生越來越多,便搬到同一條巷 67 號與 69 號,學校的名字叫快樂義務學校。

芽籠 14 巷的快樂學校

快樂學校創辦了 33 年,芽籠 14 巷的讀書聲,聲聲充滿朝氣,14 巷變成了文化巷,到現在還叫人懷念。

創辦快樂義務學校的幾個舞女,帶頭的是何燕娜女士,她當時是舞女協會的主席,也是學校的首任董事長。

快樂學校的學生在學校前面做早操

何燕娜創辦快樂學校,堅持學童入學一律免費,而且還贈送書籍與文具給孩子,不用到家長半分錢。因此,在辦校時,她特別強調「義務」兩個字,並堅持要把「義務」兩個字放在校名裡。

　　很多事情,理想與現實常常背道而馳。何燕娜女士當初堅持要用「義務」二字,到了 1950 年 1 月,在現實比人強的情況下,不得不取消,而改成了「快樂學校」。

　　1980 年我訪問快樂學校第 3 任校長周傳琳,他說:「辦教育樣樣要錢,學校實在不能再義務下去了。我們決定從 1950 年起,開始收學費,每個學生的學費,每月 2 元 5 角到 3 元 5 角。」

快樂義務學校的合唱團(1949 年)

芽籠14巷的讀書聲

在學校開始收學費之前,該校董事何燕娜因事離開新加坡,財政許千紅也卸下擔子,這時候董事部全面改組,已經不是開始辦校時的舞女團隊了!

快樂學校在新加坡的教育史上,除了是唯一一間由舞女創辦的學校之外,它還有另外一些活動,在中國歷來的華文小學來說,也是「最早」出現的。

周傳琳說:「那時候,新加坡的小學還沒有升旗、降旗這些儀式,也很少有學校教學生做早操與公民訓練,我們在1946年創校時,便有這些儀式與活動了。」

快樂學校的學生人數,最多時是在什麼時候呢?

周先生說:「1959年左右,學生有五、六百人,原有的校舍不夠用,只好借用當時的蒙巴登聯繫所兩個課室上課。」

他說:「學校借用聯繫所課室上課,在新加坡學校來說,大概也是我們最先。」

已故書法家黃國良先生,是快樂學校的第一任校長。

當時「快樂」是間「義務」學校,什麼都不收錢,黃先生也可說是位「義務」校長。

他到快樂學校掌校,是經過當時辦校的紅舞女何燕娜女士「面試」的。

他說:「何女士當時是『快樂歌劇社』社長,領導著快樂世界內的一群舞女,她很能幹,又很熱心。見了我之後,便對我說:「你千萬不要到舞廳來,你今後便是快樂義務學校的校長,擔子很重,學生處處要以你為榜樣。」

黃先生在快樂學校做了幾年校長,後來受聘於《南洋商報》當了幾十年的中文祕書,離開快樂學校幾十年,他還牢牢記住何燕娜當年說的這句話。

1979 年,快樂學校結束了。

1982 年 5 月,該校董事長林邦彥在同濟醫院會議室向報界宣布這個消息,並把售賣校舍所得的 40 萬元,分贈給 10 多間學校與團體。

現在芽籠 14 巷的路口

20多年前,電視臺資料室的幾個朋友,想拍舞女辦學校的故事,到報館來找我,希望我幫他們找到那幾位舞女,請她們出來話當年,說說那年頭辦學的一幕幕往事。我把這個球丟給快樂學校的第2任校長林逢德先生,林先生說:「我也很久沒有她們的消息了,聽說許千紅去了檳城,何燕娜一直在新加坡,但十多年沒有聯繫了。」

　就這樣,「舞女辦學校」的電視劇沒有拍成。

荷蘭村地鐵通車了

2011 年的 10 月，荷蘭村的地鐵通車了，和幾個以前住在荷蘭村的老友聊天，大家口裡左一句「牛工廠」右一句「牛工廠」，荷蘭村和「牛工廠」有什麼關係，為什麼荷蘭村的地鐵通車，卻老提「牛工廠」？

已經通車的荷蘭村地鐵站

原來，「牛工廠」便是荷蘭村，很多人現在談起荷蘭村，還是喜歡說「牛工廠」。

荷蘭村地鐵通車了

幾個老友在「牛工廠」住了幾十年,當時都在附近的克明學校讀書,誰也想不到,幾十年後的今天,「牛工廠」也有地鐵了。

踏出荷蘭村地鐵站便是荷蘭村

和年輕的朋友說起「牛工廠」,大家似乎都不懂。他們知道的是荷蘭村(Holland Village),尤其地鐵通車後,知道荷蘭村的人更多了。

很喜歡荷蘭村這個地方,因為它有小鎮那種樸素中帶有熱鬧的味道。

荷蘭村又叫牛工廠,據老一代說,那是因為從前這裡有很多牛棚,一間一間排列在一起,所以叫牛工廠。

1950年代,我的一個表嫂在荷蘭村開了一家美髮店,我常常到這裡探訪她,對荷蘭村的一景一物留下了深刻的印

象。那時的荷蘭村，既看不到牛棚，也看不到牛了，但人們口裡還是把這裡叫牛工廠，很少人說荷蘭村。

當時的荷蘭村，是 5 號巴士的「車頭」，從坡底的首都戲院搭巴士到這裡，車資為 2 角半，下車便看到一排半彎的古老店屋，表嫂的美髮店，便在這排古老店屋的中間。

荷蘭村留下我太多童年的腳印與笑聲，尤其那間叫「榮華」的露天戲院，曾經伴我度過無數個快樂的夜晚，看了很多泰山與牛仔的影片，現在回想起來，還覺得其樂無窮。露天戲院的戲票分兩種，坐無背椅子的 2 角，有背的 3 角。為了省一角錢，大家都坐無背椅子，看戲時精神集中在銀幕上，椅子有背無背，早已忘記了。

現在的荷蘭村仍是許多人愛去的地方

荷蘭村地鐵通車了

1995年作者（後排左二）在荷蘭村同鄉會與會員慶祝中秋節

最難忘的是，有一次看戲時碰上傾盆大雨，很多觀眾都走了，只剩表哥和我撐著雨傘把戲看完，然後沿著荷蘭路走回姨媽打工的「紅毛屋」。

最近常到荷蘭村的同鄉會活動，好幾次到露天戲院舊址去尋找童年的腳印，露天戲院早已不在，取而代之的是一排兩層樓的店屋。荷蘭村還是保留著小鎮的風光，景色依舊醉人，但童年的心情已一去不回，表哥和表嫂早已過世，他們的美髮店也已不在了。荷蘭村還叫荷蘭村，那半圓形的建築還是那樣的誘人，但已人事全非，心中不禁低吟唐朝詩人崔護的「人面不知何處去，桃花依舊笑春風」。

國家圖書館出版品預行編目資料

獅城舊影，新加坡老街景的文化探尋：從二戰時空襲警報的日常，到一碗蝦麵數十載的滋味，細數新加坡的歷史印記 / 王振春 著 . -- 第一版 . -- 臺北市：崧燁文化事業有限公司, 2024.09
面； 公分
POD 版
ISBN 978-626-394-856-3(平裝)
1.CST: 新加坡史 2.CST: 旅遊文學
738.71　　113013712

電子書購買

爽讀 APP

獅城舊影，新加坡老街景的文化探尋：從二戰時空襲警報的日常，到一碗蝦麵數十載的滋味，細數新加坡的歷史印記

臉書

作　　者：王振春
發 行 人：黃振庭
出 版 者：崧燁文化事業有限公司
發 行 者：崧燁文化事業有限公司
E - m a i l：sonbookservice@gmail.com
粉 絲 頁：https://www.facebook.com/sonbookss/
網　　址：https://sonbook.net/
地　　址：台北市中正區重慶南路一段 61 號 8 樓
8F., No.61, Sec. 1, Chongqing S. Rd., Zhongzheng Dist., Taipei City 100, Taiwan
電　　話：(02) 2370-3310　　傳　　真：(02) 2388-1990
印　　刷：京峯數位服務有限公司
律師顧問：廣華律師事務所 張珮琦律師

-版權聲明-

本書版權為新加坡玲子傳媒所有授權崧博出版事業有限公司獨家發行電子書及紙本書。若有其他相關權利及授權需求請與本公司聯繫。
未經書面許可，不得複製、發行。

定　　價：330 元
發行日期：2024 年 09 月第一版
◎本書以 POD 印製
Design Assets from Freepik.com